版权声明

Julie Fisher

Interacting or Interfering?: Improving interactions in the early years

ISBN-10: 0-33-526256-2

Copyright © 2016 by Julie Fisher

All rights reserved. No part of this publication may be reproduced or transmitted in any form or by any means, electronic or mechanical, including without limitation photocopying, recording, taping, or any database, information or retrieval system, without the prior written permission of the publisher.

This authorized Chinese translation edition is published by China Light Industry Press Ltd. This edition is authorized for sale in the People's Republic of China only, excluding Hong Kong, Macao SAR and Taiwan.

本书封面贴有McGraw-Hill Education公司防伪标签，无标签者不得销售。

Interacting or Interfering?
Improving interactions in the early years

互动还是干扰？
——有效提升师幼互动的质量

［英］朱莉·费希尔（Julie Fisher） 著

张永英 唐路阳 等 译

中国轻工业出版社

图书在版编目(CIP)数据

互动还是干扰？：有效提升师幼互动的质量／（英）朱莉·费希尔（Julie Fisher）著；张永英等译．—北京：中国轻工业出版社，2022.3（2025.12重印）

ISBN 978-7-5184-3735-1

Ⅰ.①互… Ⅱ.①朱… ②张… Ⅲ.①学前教育-教学研究 Ⅳ.①G612

中国版本图书馆CIP数据核字（2021）第229235号

保留所有权利。未经中国轻工业出版社书面授权，任何人不得以任何方式（包括但不限于电子、机械、手工或其他尚未被发明或应用的技术手段）复印、拍照、扫描、录音、朗读、存储、发表本书中任何部分或本书全部内容。中国轻工业出版社未授权任何机构提供源自本书内容的电子文件阅览、收听或下载服务。如有此类非法行为，查实必究。

责任编辑：张天怡　　责任终审：张乃柬
策划编辑：高　君　　责任校对：吴维斌　　责任监印：刘志颖

出版发行：中国轻工业出版社（北京鲁谷东街5号，邮编：100040）
印　　刷：三河市鑫金马印装有限公司
经　　销：各地新华书店
版　　次：2025年12月第1版第10次印刷
开　　本：710×1000　1/16　印张：16
字　　数：140千字
书　　号：ISBN 978-7-5184-3735-1　定价：62.00元
读者热线：010-65181109
发行电话：010-85119832　010-85119912
网　　址：http://www.chlip.com.cn　http://www.wqedu.com
电子信箱：1012305542@qq.com
版权所有　侵权必究
如发现图书残缺请拨打读者热线联系调换
252090Y1C110ZYW

专家推荐

侯莉敏
广西师范大学教授

师幼互动是儿童早期学习和发展的关键,而且在提供高质量保育和教育方面至关重要。如何有效提升师幼互动的质量?这一问题始终是学术界与教育实践领域不懈深挖的主题。本书是英国牛津郡为期4年的师幼互动项目研究成果,该项目基于对120个视频的观察分析,理论与实践相结合,梳理和总结了有效师幼互动的意义、时机和策略,同时,还囊括了与婴儿和学步儿的互动方式。有效的互动是建立在了解儿童的基础上,师幼间和幼幼间的共同生活、共同成长。本书值得推荐给每一位致力于研究和实践师幼互动的学者、教师,及相关从业人员阅读,相信书中的许多理念、做法能为中国学前教育工作者带来一定的启发!

黄进
南京师范大学教授

沟通是一门艺术,互动是教育过程的核心。如何理解和回应孩子,不仅是学前教育专业学生感到困惑的问题,也是幼儿园教师感到困难的事情。如果我们能有一把神奇的"钥匙",打开每个儿童的心扉,看到他们行为背后的意图,捕捉他们话语背后的意义,也许教育就不再是那么难的一项工作。这当然是妄想,因为人与人之间的理解与建立在此基础上的互动,是教育的秘密,也是人类创造文化的过程中伟大的秘密。本书是对这个艰难任务的有效挑战。它在追溯人类交流互动行为与心理发生的基础上,指出了一条清晰地通向理解与教育的道路。它将科学研究作为基础,又将对儿童成长的关怀作为方向,切实地呈现了有效互动所涉及的方方面面,同时分析了教育实践中存在的问题。希望所有教育者能如本书所言,"对儿童着迷"——只有以此为前提,一切技术才有用武之道!

程学琴

安吉游戏创始人

儿童与教师的互动情境是极其复杂的，把握好"互动而非干扰"的度，是幼儿园教师孜孜追求的教育之道。老子云："……为道日损。损之又损，以至于无为，无为而无不为。"师幼互动也一样，教师要敢于放下自我做好"减法"，对儿童充满好奇又勇于探索，从而成为懂儿童的教师。懂儿童才可能与儿童保持同频共振，进行有效互动。本书作者敢于挑战旧有的实践方式，甚至挑战自己的信念，对"是什么构成了教师与儿童的有效互动"这个问题进行反思性实践，给读者带来了许多独到的思考角度。比如，本书作者为我们展示的"什么都不做，什么也不说才是最好的"等精彩观点，定会给走进高质量时期的中国学前教育工作者带来启发。本书值得我们所有的教育者阅读和学习！

译 者 序

是什么构成了早期教育情境中的有效互动

在过去的三四十年，尤其是自2012年我国教育部颁布《3—6岁儿童学习与发展指南》（以下简称《指南》）以来，无论是国家对学前教育的重视程度还是学前教育相关工作人员的理念都发生了显著变化。"闭上嘴，管住手，睁大眼睛，竖起耳"是中国"安吉游戏"的创始人程学琴女士对教师在观察儿童游戏时所提出的要求。我认为，在某种程度上可将其视为中国学前教育实践领域真正向"以儿童为中心"转变的象征。在这场把游戏的权利还给儿童的运动中，教师角色的转变成为令人瞩目的焦点。教师如何才能真正发现儿童？如何做才能支持儿童？这是当前中国学前教育实践改革中教师必须面对的挑战。

英国自20世纪80年代起便非常重视教育实践者与儿童之间的有效互动研究。本书是一项为期4年的英国牛津郡教师与儿童互动项目的研究成果，该项目由18位一线幼儿教师和1个由4人组成的实践指导小组完成。基于对120个视频的观察分析，项目组提出了比较稳定的可用于判断师幼互动"有效性"的三个标准：学习应该得以加强；必须由教师（父母以及其他照料者）来加强儿童的学习；儿童获得的经验必须是积极的。这三条标准中的任何一条都有可能因其高度的概括性而被误读。就拿"学习应该得以加强"这一条来说，如果是在儿童主导的情境中，那么它很有可能导致教师对儿童独立学习的压制。另外，儿童的学习常常也会受同伴的影响而得到加强，因此教师必须区分加强的效果究竟是由教师促成的还是由同伴促成的，不要对儿童的学习进行无效的或者无意义的介入，甚至对他们造成干扰。同时，儿童在与教师互动中所获得的经验有可能是负面的，而教师自身可能没有意识到。种种情况都表明，儿童与教师的互动情境是极其复杂的。究竟什么才是有效的互动？教师的介入对儿童的发展究竟有什么积极意义？教师介入但又不至于干扰儿童的时机应该如何把握？策略有哪些？这些问题在本书中得到了充分的讨论，对当前处于改革进程中的中国学前教育工作者而言具有及时且必要的参考价值。

一、有效的互动对儿童的发展有何意义

"每个儿童在情感、社会性等方面发展得如何，取决于和他们互动的教师。每一位倾听、回应和与儿童沟通的教师都将有助于提高儿童的语言质量和人际交往能力，并给予他们思考、推理、解释和说服的有效工具。"本书作者引用了大量的研究成果来阐述有效的互动对婴幼儿和教师自身的学习与发展都很重要。有效的互动是建立在了解儿童的基础上的，教师要了解儿童，与儿童同频共振，进而通过"引导性参与"在儿童已知的信息与将要学习的新信息之间架起一座桥梁。当教师的教学目的或意图没有那么强烈时，当教师花时间与一个儿童而非所有儿童进行互动时，或者当教师与儿童能够享受沉默安静的时光时，有效的互动就发生了。

本书指出，能与儿童开展有效互动的教师往往具备以下七个特质：

1. 专注
2. 敏感
3. 具有回应性
4. 尊重他人
5. 真诚
6. 成为好榜样

7. 和儿童在一起时很自在

二、是否，何时，何种方式——有效观察和把握有效互动的时机

本书作者指出，牛津郡项目将"是否，何时，何种方式"作为一条有效帮助教师与儿童同频共振的提示语。

关于儿童**是否**需要帮助，本书作者为我们展示了独到的思考角度——"什么都不做，什么也不说才是最好的？"教师总是觉得"需要介入并且做些什么，比如，问个问题、评论几句或者给些建议"，但是有的时候最好的选择就是什么也不做。也许对于"儿童是否需要帮助"这个问题，答案是"还不需要"。

关于儿童**何时**需要帮助，作者也提醒我们小心拿捏分寸：既要让儿童有机会付出努力，又不要让他们因过于沮丧而放弃；既要让儿童觉得教师的支持一直都在，又不要让他们觉得自己的能力不够。

关于儿童需要**何种**帮助，作者也提醒我们首先思考儿童能否自己处理，如果不能，教师应该如何说或如何做才会对他们有所帮助。

当然，这一切都建立在教师对儿童细心观察的基础上。只有有效地观察儿童，教师才能把握好有效互动的时机。

三、介入但又不至于干扰儿童——持续关注以保障有效互动的策略选择

教师想要与儿童保持互动，就必须持续地关注儿童。对儿童构成干扰的介入往往是从教师自己的角度出发的，它或者没有回应儿童的兴趣，或者超出了儿童的理解范围，导致儿童不知所措或无奈附和，希望尽快结束互动。有效的互动则是教师在持续专注地观察和倾听儿童的基础上，

审慎做出的决策。因为教师和儿童是同频共振的，会让儿童感受到他们的兴趣是被教师尊重和接纳的，所以儿童会对成人所说的话感兴趣。

本书提出了儿童能获得有益经验的三种不同情境：教师主导、教师发起和儿童主导。教师需要清楚地了解不同情境下的活动目的，并根据儿童的学习需要灵活地调整自己的角色。例如，当儿童主导学习时，教师的角色就是追随他们，回应和支持儿童的想法。教师有时需要退后一步，保持沉默，做一名观察者，让儿童的想法自由生长；有时需要成为儿童游戏的共同参与者，和儿童共同建构知识和想法。"只说必要的话；如果会影响学习，就不要说话。"

在具体策略方面，本书作者鼓励教师向家长学习，尤其是向那些能关注儿童、持续陪伴儿童并能直觉地做出有效回应的家长学习。这样的家长既了解儿童的兴趣和发展水平，又能追随儿童做出回应。他们不会像教师那样明知故问，总是想着检查儿童的知识和技能；也不会总是主导互动，没有耐心等待儿童的思考和回应。

"儿童在一项活动中可能会展示其在语言、数学、科学、健康、创造力等多个领域的发展情况，教师的任务是理解所看到的东西，识别重要的发展里程碑，并确定儿童需要什么样的帮助和支持才能获得进一步的发展"（Dubiel，2014）。在教育变革的过程中，我们常常会由一个极端走向另一个极端。当我们参照《指南》或其他儿童发展评价指标观察儿童，并逐步在头脑里形成所谓科学的参照体系后，我们往往又会落入过于理性的窠臼，学会了科学识别却忽视了直觉感受，故而依然无法实现对儿童的理解。本书特别强调，成人必须向儿童主动做出调整，只有与儿童同频共振，才能与儿童进行有效的互动。正如美国教育家约翰·杜威在《我的教育信条》[1]中所言："成人只有通过对儿童的兴趣不断予以同情的观

---

[1] 该书的简体中文版由上海人民出版社于2017年出版。——译者注

察，才能够进入儿童的生活里面，才能知道他要做什么，用什么教材才能使他工作得最有劲、最有效果。"约翰·杜威建议，成人应关注儿童的兴趣，并将儿童的兴趣作为显示儿童已发展到某一状态的标志来加以观察，这样就能知道应该给予儿童什么样的支持。这对教师提出了很高的要求，既要具备关爱儿童的情怀，又要具备科学的头脑。如果说与儿童进行有效互动的能力是教师应该具备的核心专业能力，那么这种能力就是科学头脑与专业情怀在教育实践情境中碰撞出来的智慧和艺术。本书的作者和牛津郡项目的参与者正是将自己完整地投入到实践中，才洞见了教育真谛。

本书共 10 章，分别由张永英、唐路阳、王敏、刘亚诚翻译。具体分工如下：前言、第 1 章、第 9 章、第 10 章和附录由张永英翻译；第 2 章和第 8 章由王敏翻译；第 3 章至第 6 章由唐路阳翻译；第 7 章由刘亚诚翻译。译者序及统稿由张永英负责。

在本书出版之际，首先，要感谢本书的原作者朱莉·费希尔（Julie Fisher）与我们分享了她有关有效的师幼互动的新见解，让我们感受到了她扎实的研究能力和非凡的智慧；其次，要感谢参与此项翻译工作的唐路阳、王敏和刘亚诚，他们几位对儿童教育事业怀有满腔热忱；最后，要感谢本书的策划编辑高君老师，她的专业眼光和对工作的执着态度令人感佩。

希望本书的出版能为那些在实践中探寻与儿童进行有效互动的中国早期教育工作者们带去一些启发和思考。希望本书中的观念能得到广泛的传播，从而使专业知识转化为社会常识，让更多的人携手为孩子提供一个稳定的、温暖的、健康的、互动的环境。

由于译者水平有限，译文疏漏之处，恳请广大读者批评指正！

张永英
2021 年 10 月于南京

前　言

此书是对英国牛津郡一群早期教育工作者的反思性实践的赞歌，他们为了探究"是什么构成了教师与儿童的有效互动"这个问题，挑战了旧有的实践方式，甚至挑战了他们自己的信念。

与儿童互动是早期教育工作者每日实践工作的中心，然而，牛津郡的教师们敢于承认这项工作鲜少在员工会议中被提及，他们之中也鲜少有人为了改进自己对儿童学习的干预而细致地分析自己的实践活动。

我在英格兰最大的地方政府之一担任早期教育顾问时开展这项研究的动力构成了本书的基础。牛津郡早期教育团队负责提升该郡为处于早期基础阶段（Early Years Foundation Stage，EYFS）儿童提供教育服务的学校及幼教机构的教学质量。其中一种实现目标的方式是实施必要的质量保障方案，以及对情境中的互动质量做出评价。作为顾问团队，我们在讨论这些问题时认识到，尽管我们对于许多原则都是认同的，但寻找的可以表明质量的"证据"差别相当大。我们决定研究一下，能否就"是什么构成了早期教育中的有效互动"这一问题达成更具共识性的观点。

牛津郡成人-儿童互动研究项目（The Oxfordshire Adult-Child Interaction Research Project）从 2010 年开展至 2014 年结束。参与者、研究目的和方法论的细节内容在本书的附录中呈现，但此处必须要说的是，将这个项目展现在本书里是极具挑战性的。首先，在一次互动中，许多有效的部分都寓于参与者的肢体动作和语音语调中。这些非言语层面的沟通几乎是不可能通过文字在书面中体现的。尽管大多数章节有对案例的转录，但它们不可避免地丢失了许多交流过程中扬起的眉毛、失礼的语气等细微之处。其次，这个篇幅的书籍永远不可能完整记录每个研究过程中需要例证的观点或发现。尽管如此，我仍然尽量选取研究范围内各年龄段的记录，从婴儿室到小学二年级[1]教室，以展现我们对各个年龄段儿童的分析深度。

研究参与者们最关心的问题是，把研究发现写下来会不可避免地过于简化一些讨论了多个月的复杂情况。由于化学反应、非言语交流和主体间性方面存在的细微之处，因此任何通过文字而不是录像这种视觉证据来描述互动的尝试都可能给读者带来"促进互动实际上可以更直接"这种印象。为了尽量减少这种原因导致对研究项目产生描述偏差的可能性，项目材料被研发成一套投入使用的培训材料，且供全国教师广泛传阅。甚至直至今日，有相当一部分的教师——不管是否参与了这项研究项目——都为寻找能最准确地解释有效互动中各种各样特点的词语提供了帮助。

对研究参与者影响最大的是对每个教学场景中的互动进行的录像，以及随后对实践工作的讨论。教师只有能够对自己与儿童互动时的实际所为进行反思——而不是他们觉得自己做了什么——才会对行为研究的过程做出重要的贡献。除非教师看到了需要，否则不会做出什么改变，录像给每一位参与者提供了"个人训练"的机会，他们可以从中复盘自己的实践操作并为自己设立改进的目标。项目的最终结果之一是，一些学校开始给所有教师录像，将其作为员工专业发展方案的一部分，并且报告由此对教与学的质量带来的影响。不得不说，不管儿童还是教师，都需要适应拍摄的过程。在整个项目开始之前，我花了些时间在每间教室里"录像"，这样儿童就能克服恐惧，在镜头前微笑、跳舞以及做出其他面对跟拍镜头时所能产生的反应，年龄较大的儿童或者有足够兴趣的儿

---

[1] 英国小学二年级的儿童年龄为六七岁。——译者注

童往往敢于在镜头前提出所有想提的问题。对教师来说，第一次录像时他们关注自己的声音如何、是否上镜——但这些都会随着时间的推移而减少。另一个令人关注的事情是每位教师说多少，以及他们在多大程度上主导与儿童的互动。因为这些原因，下一批录像中的许多教师沉默了，他们担心自己说得太多，把儿童的声音淹没。所以，直到第三四次录像，他们的互动才变得放松、真实、自然。

牛津郡项目的初衷是关注儿童主导的互动。项目参与者坚信，这种互动情境对教师来说是最具挑战性的，而且，如果我们能识别出儿童主导的情况下有效互动的特征，项目就能取得巨大的成果。然而，随着时间的推移，可以越来越明显地看出，儿童主导的互动的质量不可避免地和教师主导的学习紧密相连。通过分析项目的录像材料，我们可以观察到教师经常"干扰"儿童主导的学习，把儿童的学习过程绑架到他们自己的轨道上，因为他们没有教儿童在教师主导阶段就该被教好的内容。通过把教师主导的学习调整得更为精简、清晰、重点突出且不失效力，教师们在支持儿童主导的学习时对追随儿童的思考和目的更加有信心。最后，牛津郡项目对儿童主导和教师主导两种情况的互动都进行了研究。

本书通过详细的描述分享了牛津郡成人-儿童互动研究项目的两个主要发现。第一，教师说得太多。很明显，他们问太多的问题，比起儿童，他们接受过太过丰富的演讲、语言和交流训练。第二，仍然有很多鼓励儿童交谈的方法没有被完全理解和应用。最主要的是评论和陈述，而非（总是）提问。在整个研究过程中，参与者们都在努力回应儿童的思考，而不是提出问题。他们聚焦于维系教师和儿童之间的思路，而非冒着破坏这些思路的风险去提出有益于教师而非儿童的问题。

本书的初稿提出，有必要分别对待儿童中的非沟通者和非言语沟通者。不是因为有效教师的行为方式发生了明显的改变——实际上他们没有——而是因为研究不用话语来传达信息的儿童的互动需要一些更专业的知识。因此，第 2 章致力于研究"与婴儿和学步儿的互动"。另外，随后的每个章节都有标题为"聚焦于婴儿和学步儿"的专栏，阐明所有这些研究发现与婴儿和学步儿的相关性。第 8 章思考了"与不愿互动的儿童互动"的问题，并且检验了被许多专家、教师认为有助于鼓励不愿开口的儿童开口发言和交流的有效策略。

本书的前两章对成人－儿童互动的重要性进行了理论上的概述：第 1 章聚焦于 3 岁以上的儿童（但也包含其他年龄段的儿童），第 2 章特别致力于研究从出生到 3 岁的儿童。之后的每一章都详细描写了牛津郡成人－儿童互动研究项目的主要发现，均包含以下内容：

- 本章所述特定发现的理论基础
- 与婴儿和学步儿相关的问题
- 从项目的录像中分析得出的实用信息
- 用于分析实践的提示
- 用于例证本章关键信息的转录文字（根据所在章节进行编号）
- 反思要点

希望本书对你有价值，能够引发你的思考，激发你的灵感。

目　录

译者序　是什么构成了早期教育情境中的有效互动 ·················· I

前言 ·· VII

第1章　互动对儿童学习的重要性 ··································· 1
　　关于"有效性"的不同定义 ·· 2
　　家庭中的互动 ·· 5
　　互动为什么重要 ·· 9
　　互动为何对儿童上学很重要 ··· 10
　　互动为什么对教师重要 ·· 13
　　总结 ·· 19

第2章　与婴儿和学步儿互动 ·· 21
　　互动的基础 ·· 22
　　互动的发展 ·· 27
　　总结 ·· 43

第3章　了解儿童 ··· 45
　　教师需要了解儿童的哪些信息 ····································· 47
　　关键人方法的重要性 ··· 52
　　了解儿童所产生的影响 ·· 54
　　和某个人对话而不是和所有人对话 ······························ 57
　　转录：了解儿童 ·· 60
　　总结 ·· 65

第 4 章　有利于对话的环境 ································ 67
  心理环境 ·· 69
  物理环境 ·· 72
  总结 ·· 87

第 5 章　与儿童同频 ·· 89
  作为学习者的儿童 ·· 91
  与儿童同频的策略 ·· 93
  了解儿童在想什么比只是看他们在做什么更有价值 ········ 101
  是否互动及何时互动是区分互动与干扰的两大要素 ········ 102
  总结 ·· 109

第 6 章　谁在主导学习 ·· 111
  独立学习和与教师一起学习的优点 ······························ 113
  独立学习不是放任的学习 ·· 115
  教师主导、教师发起以及儿童主导的互动 ····················· 116
  互动的目的 ·· 119
  平衡教师主导的学习和儿童主导的学习 ························ 120
  谁在主导学习 ·· 124
  总结 ·· 137

第 7 章　维持有效的互动 ··· 139
  发起对话 ·· 141
  维持互动 ·· 143
  巩固、拓展和激发学习 ··· 150
  肢体语言 ·· 157
  语调 ·· 158
  总结 ·· 161

第8章 与不愿互动的儿童互动 ····· 163
- 不愿说话的儿童 ····· 165
- 孤独症儿童 ····· 169
- 将英语作为第二语言的儿童 ····· 172
- 手语作为沟通的方式 ····· 176
- 总结 ····· 182

第9章 有效的提问与无效的提问 ····· 185
- 为什么提问 ····· 187
- 谁在提问 ····· 187
- 不同类型的问题 ····· 191
- 用提问来掌控 ····· 195
- 儿童的回答 ····· 196
- 有效的提问和无效的提问 ····· 198
- 提问的替代方案 ····· 200
- 总结 ····· 208

第10章 有效教师的特质 ····· 209
- 有效性的特质 ····· 210
- 互惠的重要性 ····· 218
- 互动而不是干扰 ····· 221
- 分析你的实践 ····· 223
- 总结 ····· 229

附录 牛津郡成人—儿童互动研究项目（2010—2014）····· 231

参考文献 ····· 235

第 1 章

互动对儿童学习的重要性

"没有什么比停下来倾听和积极回应儿童更重要。"

师幼互动对支持和推进儿童的学习至关重要。在教师和儿童的日常经验中,互动占了很大一部分,我们很容易认为互动是自然而然地发生的,但本书中的研究挑战了这一观点。教育者的角色——和家长、保育员以及其他感兴趣的成人不同——似乎给教师施加了压力,该说什么以及怎么说有些时候变得不自然了,甚至往往是无益的。为什么会发生这种情况?有关不同情境下教师和儿童之间的互动研究表明,接受教育者角色的教师有时会将自己的计划强加给儿童,而儿童常常是受自己的计划驱动行事的,他们不欢迎教师的干扰!

本书对 6 个月至 6 岁的儿童与教师之间的互动进行了研究,揭示在儿童主导和教师主导的两种情境中,教师和儿童双方如何更自然、有目的且有效地开展互动。本章将就互动对儿童的学习和发展为何如此重要进行详细的探讨。

关于"有效性"的不同定义

很多研究尝试明确教师和儿童之间有效互动的决定因素。当然,这很大程度上取决于作者或研究者对"有效性"的定义。

20世纪80年代,在英国颇有影响力的关于5岁以下儿童的研究中,布鲁纳(Bruner,1980)对实现他所谓的"连贯话语"(connected discourse,即对话)这一挑战进行了阐述。那时,他和同事正在对教师和儿童的简单对话进行研究,认为关于单个话题的对话中至少应该包括三个基本要素:A对B说,B回答A,然后A回应B。观察了9600个半分钟的片段后,他们得到的研究结果是:只有2%的片段中包含这样的对话。

在蒂泽德和休斯(Tizard & Hughes,1984)关于成人与儿童在家庭和学校里的互动差异的著名研究中,研究者将儿童持续提问以及把成人的回答和自己已有的知识联系起来的过程命名为"知识搜索通道"。他们发现,母亲比教师对儿童提问的回应性更高,并且更能基于儿童已有的知识、理解和语言进行回应。

政府基金项目"早期学习中的教育有效性研究"提出,有效性是指教师和儿童从一个被称为"互学互鉴"的共同参照架构中获得的结果,不仅包括教师和儿童之间的关系与互动,也包括教师和儿童家庭之间的关系与互动。

几乎在同一时期,希拉杰-布拉奇福德(Siraj-Blatchford)和同事在"早期教育有效性研究"中用"持续性共享思维"(sustained shared thinking)这一术语[也就是布鲁纳(1966)所说的"共同参与"]来描述"两个或两个以上的个体一起动脑筋'合力'解决问题、澄清概念、评价活动、延伸叙述。在思考过程中,双方均要有所贡献,并且有思维上的发展和延伸"。该研究表明,持续性共享思维发生的数量和质量取决于不同研究机构中教师的资历。

第1章 互动对儿童学习的重要性

2008年，罗宾·亚历山大（Robin Alexander）的研究项目"对话学习"借鉴了戈登·威尔斯（Gordon Wells）对"对话探究"一词的使用，专门阐述了"对话教学"：成人和儿童间的交流促成了儿童认知发展的程度与方式。他认为，对话互动是共同的、互惠的、支持性的、渐增的和有目标的。2007年，默瑟和卡伦·利特尔顿（Mercer & Karen Littleton）采用"互动思考"（interthinking）一词描述教师和中小学生如何一起解决问题，"双方的创造性智慧加在一起可以达到整体大于局部之和的效果"（2007，p. 4）。

描述互动本质的术语不是唯一的，但都显示了研究者和教育专家为了捕捉教师和儿童之间有效互动的复杂性特征所进行的不同方式的尝试。在牛津郡成人－儿童互动研究项目的研究过程中，参与者讨论了是否可以对"有效性"下一个能充分展示研究成果的定义。上文援引的所有术语对描述互动场景的本质都有一定程度的帮助，但大部分并不能对判断互动是否真正有效提供可参考的较为稳定的标准。牛津郡项目的主要目的是使早期教育的教师和早期教育实践质量的评判者（园长、督导人员、管理者、基础教育阶段的协调者）能严格又简单明了地学会参照标准对"有效性"进行评价。在对项目录像材料的分析中，我们发现了可用于对"有效性"进行判断的三个比较稳定的标准。

- 为了使互动有效，学习应该得以加强。这一条对从事早期教育的教师而言比较困难，因为"加强"可能适宜于教师主导的情境，但可能阻碍儿童主导的活动（见第5、6章）。
- 为了使互动有效，必须由教师（父母以及其他照料者）来加强儿童的学习。这似乎是显而易见的。但牛津郡研究项目的部分录像资料显示，在许多情况下，儿童的学习是由同伴、环境或者儿童的独立探索加强的。然而，在"有效"的互动中，教师一定会有所贡献，可能是在儿童的认知、情感、社会性、态度倾向或元认知方面（见本章），但如果教师的介入或互动对儿童的学习或发展没有可见的影响，那么这样的互动明显是无益或没有必要的。

- 为了使互动有效，儿童获得的经验必须是积极的。这可以强化我们对实践者在教师主导和儿童主导的情境中（见第6章）角色差异的分析，确保"加强"不会变成"操纵"。此外，在录像片段中，教师的有些介入对儿童是有消极影响的。有一些例子中的儿童被忽视、奚落和批评或表现出疑惑，这些都不是我们希望从教师和儿童的互动中看到的。所以，必须要加上儿童所获的经验是积极的这一点（见第10章）。

从项目的结论来看，这三条标准相结合形成了项目组成员每次分析录像材料，进而判断教师的行为是否适宜、相关和有价值时必问的关键问题，这个问题被用来分析本书各章的案例。

> "儿童从互动中获得了通过其他方式可能无法获得的积极经验吗？"
>
> ——牛津郡成人–儿童互动研究项目（2014）

如前所述，澄清"积极经验"不仅指认知方面是极其重要的。项目组成员致力于促进完整儿童的发展，"积极经验"可能指认知方面，也可能指社会性、情感、态度倾向抑或是元认知等方面。

认知："如果你举高一点，它就会流下来得更快。"

社会性："或许你用笔在纸板上画个表格就能让每个人都轮到。"

情感："是啊，你妈妈上班去了，然后她会回来接你。"

态度倾向："太棒了，你知道吗，你周一的时候还做不到，经过刻苦的练习，现在已经可以轻而易举地做到了！"

第1章 互动对儿童学习的重要性

元认知:"我得再想一想。你擅长记忆,但我有时候不得不把东西写下来。"

这个关键问题为项目参与者分析自己或其他人的实践提供了一个起始点,也帮助管理者或园长在分析机构的教学质量时聚焦于儿童的学习特征。

家庭中的互动

前文已经提到,与儿童互动的教师面临的一个内在挑战是"引发学习",而自然的对话,如家庭中的对话,并没有目的的驱动。从牛津郡项目的录像材料来看,刻意地"成为教育者"有时会扭曲互动的本质,对本想促进的学习反而起到抑制作用。所以,从了解关于家庭中有效互动的相关研究成果开始是颇具启发性的。尽管家长不一定能承担教育的职责,但很多家长不仅做了而且做得很成功。因此,从家庭互动中获知的内容也许可以改善早期教育机构中的互动质量。

20世纪七八十年代,相当多有影响力的研究挑战了早期教育机构可以以某种方式弥补儿童在家庭中语言经验不足的假设(Bernstein,1971;1973;1977)。研究发现,由于家长对儿童颇为了解,因此家庭中的语言和对话通常都更有效(见第3章)。研究也发现,无论家庭对话的方式和母亲的受教育背景如何,家庭对话(多数是和母亲的)在促进儿童发展方面通常比早期教育机构中的对话更有效,哪怕这并非是有意为之。

研究者发现家庭对话有如下特征。

- 家庭对话常在当下产生。换言之,家庭对话产生于儿童每日活动中所关注的、选择的活动,这对儿童而言是有重要意义的。而幼儿园中的对话更多产生于教师及其计划的活动。

- 家长通常通过发展儿童的兴趣来回应儿童。家庭对话常由儿童通过提问或评论发起，家长做出回应，而不是让儿童迎合他们的期待。

- 家长常常是儿童探究或思考情境中的组成部分。在威尔斯（1985）的研究中，研究者指出共享家庭一日生活为家长和儿童提供了共同的关注点，因而家长更能理解儿童的活动目标或他们提问的原因。蒂泽德和休斯的类似研究表明，在家庭中，成人和儿童谈话与活动的内容更多关注日常生活，常由儿童发起，以回应日常情境中的偶发事件。这时，家长作为情境中的组成部分就是唯一能够回应儿童的人。

- 家长会根据儿童的语言能力水平直觉性地调整自己的表达方式。例如，克罗斯（Cross，1977）曾指出，母亲很了解儿童，所以她们的语言会与儿童的语言一致。有时，母亲故意向儿童介绍一些新词汇，但更多的时候，她们会本能地用语言匹配动作，从而帮助儿童思考。

- 家长的回应视儿童的能力而定。伍德（Wood，1998）的实验结果表明，当母亲和孩子搭积木的时候，如果儿童不能完成指定动作，最有效的策略是增加来自母亲的帮助，以降低儿童体验到的控制水平。伍德称之为"根据情况而定"，因为母亲会根据她对儿童是否能成功的判断来改变自己的控制水平。

- 在家里，儿童提出问题，家长负责提供答案，但根据蒂泽德和休斯以及威尔斯的研究，在早期教育机构中，教师提出一系列问题，儿童被期待回答问题，而不是相反。

    威尔斯（1985，p.33）简洁地总结了这些研究发现。

    所有研究发现都指出，父母或其他养育者最重要的做法是对儿童当下的状态保持敏感，即对儿童当前的兴趣以及交流能力保持敏感，并关注儿童努力沟通的意图。

这些主要的研究成果都提示我们，家庭中家长和儿童的有效沟通存在一些关键要素，如果早期教育教师想实现同等有效的互动就需要考虑这些要素。本书在多个章节中研究了这些不同要素：

1. 了解儿童（见第 3 章）
2. 环境影响互动的本质，允许教师和儿童共享情境（见第 4 章）
3. 家长会本能地调整自己与儿童同频，互动取决于成人调整自己以适应儿童的能力（见第 5 章）
4. 大多数情况下，家长会回应儿童而不是用自己的计划控制儿童（见第 6 章）
5. 互动是持续的，因为家长和儿童的共同兴趣和参与都是即时发生的（见第 7 章）
6. 儿童提问，家长回答（见第 9 章）

家庭中的语言学习

对早期教育教师而言，欣赏家长和儿童的互动方式很重要，同样重要的是理解这类互动对儿童学习，尤其是语言学习的影响。不断有证据显示，儿童从家庭中接收到的大量口头语言对其社交发展有着显著的影响（Chapman，2000；Hart & Risley，2002）。因为多数儿童是在生命的第 2 年开始掌握词汇（见第 2 章），而家庭通常提供了儿童学习语言和词汇的环境。哈特和里斯利（Hart & Risley）的研究之所以令人信服，是因为他们发现儿童生长在家长重视交流谈话的家庭中和不重视交流谈话的家庭中的差异"并非源于家长提供的交谈经验类型的不同，而是数量上的不同"（p. xiv）。研究揭示，儿童 3 岁时，家长的说话次数从每小时 34 次到 783 次不等。这意味着，在一年中（按每天清醒时间 14 小时计算），有些儿童会听到父母说话 17 万次，但有些却达到 400 万次（p. 70）。每小时的谈话少就意味着提问、确认、解释和联系的减少。在语言较少的家庭中，唯一增加的数量是禁止。在交谈较少的家庭中，儿童相应会较多听到"别""停止""不要"。在不重视交流的家庭中，儿童听到的禁止性语言是肯定性反馈的2倍。哈特和里斯利（p. 158）认为，家长和儿童之间的谈话数量只是家庭有效互动的一部分，他们的分析还指出：

> 家长提供的基础性语言经验越丰富，对儿童的语言学习越有鼓励作用，细微的差别也会增多。他们往往更加具有回应性：常常倾听并鼓励儿童说些什么，而不是让儿童对家长关注的事情感兴趣。他们倾向于鼓励自主，希望合规而非命令。他们将语言看得很重要：不管儿童是否关心或理解，他们都对事物加以命名和解释。

2012年，罗（Rowe）研究了对儿童日后词汇发展影响最大的因素。她研究50名婴幼儿在18、30、42、54个月时所使用的词汇，以及他们的父母在与他们互动时所使用的词汇的数量和类型（质量）。她发现：

- 儿童30个月时所使用的词汇受前一年（12—24个月）父母交谈时所使用的词汇和使用词语例子的数量影响；
- 儿童42个月时所使用的词汇受前一年（24—36个月）家长所使用的许多复杂的词汇影响，他们学会常用的词汇，并学习用复杂的词语代替简单的词语，比如用"purchase"（支付）代替"buy"（买），用"weary"（疲倦）代替"tired"（累）；
- 儿童54个月时所使用的词汇受前一年（36—48个月）家长对叙述和解释的使用情况的影响，如关于过去的事情（比如，幼儿园远足活动中发生的好玩的事情）、计划将要做的事情（比如，计划去看望奶奶）的对话或者解释某些事情（比如，回答儿童关于"为什么"的问题）。

第1章 互动对儿童学习的重要性

从非言语交流向言语交流方式的成功过渡取决于儿童在家庭和机构中语言经验的数量与质量。懂得语言和交流的重要性的教师会将和儿童交谈、倾听并回应他们摆在优先位置。

互动为什么重要

当被问及高质量早期教育的关键特征时，许多早期教育教师立刻会回答"游戏"。然而，默瑟和霍奇金森（Mercer & Hodgkinson，2008，p. xi）提醒我们，谈话作为教育中介已被确认为是"引导发展和共同建构知识的最重要的教育工具"。每个工作日，早期教育教师都会花时间和儿童交流——即便是在婴儿室，婴儿还不会使用语言回应教师。那么，教师在互动中如何发挥作用？师幼对话与亲子对话一样吗？如果不一样，那么教师在不阻碍儿童学习的同时引导他们发展、共同建构知识和拓展思考中扮演怎样的角色？

缺乏交流能力的影响

出生到5岁是儿童最基本的说话、语言和交流能力发展的关键时期。能清楚表达、理解对方、交流思想和体验并且互动是儿童在情感、社会性及教育方面发展的重要基石（Lee，2008）。人类生命头几年的语言发展速度和其他方面的发展一样惊人。交流的重要性使儿童从非言语交流向言语交流发展，因为他们在新技能的实践和迅速提高中有着清晰的目标，而且他们天生渴望交流，并希望自己的声音被他人听到（Gopnik et al.，1999；Smith et al.，2010）。

无论出于何种原因，如果儿童在早期没有发展说话、语言和交流的基本能力，那么他们很有可能处于不利境地。交流或许是最重要的生活能力，无论在社会、个人还是职业环境中，人们都需要交流。在没有能力表达自己的声音时就开始生活会带来致命的后果。言说吃力的儿童往往很难学习课程，尤其是学习书写（Snowling & Stackhouse，2006；Dockrell et al.，2007）。说话、语言和交流能力欠缺的儿童会变得内向，在小学阶段表现出挑战性行为（Hart et al.，2004）。语言障碍影响情感发展，很多儿童在社会性方面表现内向；他们独自玩耍，较少受到班中同学的喜欢（Coster et al.，1999）。

当这些儿童长成青少年后，据英国沟通信任联盟（Communication Trust）的研究显示，2/3 的 7—14 岁有严重行为问题的青少年有语言障碍，40% 被转接到儿童精神服务科的 7—14 岁青少年有语言障碍，少年犯收容所中的 65% 青少年有交流障碍，许多没有上学、就业或接受培训的 18 岁青年交流困难，这减少了他们的人生机会（Clegg et al.，1999）。

作为早期教育工作者，我们怎能不重视说话、语言和交流呢？有什么比停下来与儿童互动更为重要的呢？

互动为何对儿童上学很重要

2006 年，吉姆·罗斯（Jim Rose）在他颇有影响力的基础教育研究报告中指出，儿童在入学之前应该能听懂别人说的话，也能清楚表达自己的感受及需求。他提出，说话、语言和交流方面的熟练水平"是儿童智力、情感、社会性发展的核心"（2006，p. 3）。然而，在英国的很多地方，尤其是在社会弱势区域，超过 50% 的儿童入学时有说话、语言和交流方面的需求（Locke et al.，2002）。有些儿童没有能力听懂简单的要求，也不能完整地说话，无论是在完成学习任务还是在日常的交流中都不能听明白并加入与他人的交谈中（Basic Skills Agency[1]，2002）。口头语言是

---

[1] 即英国基本技能处。——译者注

教师教学和儿童学习的基本介质（Lee，2008），但许多儿童由于在说话、语言和交流方面没有得到充分发展而无法成功地运用这一介质。

儿童的词汇范围

如你所见，有充分的证据说明，语言和交流（而非读写）的发展水平可以最大程度地预测儿童未来的成功。5岁时的词汇量能很好地预测儿童在关键阶段1和关键阶段2[1]的成绩；5岁时的词汇量也能很好地预测儿童在毕业时或以后能否取得毕业资格；5岁时的词汇量对早期遭受社会剥夺的儿童（被试是5—10岁儿童）是否能逆转成功并在成年后摆脱贫困具有最佳预测效力（Feinstein & Duckworth，2006）。

交流和语言为什么是学习的基本领域

这就是为什么交流和语言是早期基础阶段（DfE[2]，2012）学习的基本领域，而读写不是。婴幼儿已准备好发展交流和语言能力，以及个性、社会性、情感和身体发展。交流和语言能力发展具有以下特点。

敏感期

如果在3—5岁没有掌握这些能力，儿童往后就更难掌握这些能力，而这方面能力的缺乏将阻碍其他方面的发展。

普遍性

这种能力在所有社群和文化中都会发展，是人类生来就有的。

独立于特定领域

基本领域的能力不取决于其他特定学习领域的顺利发展。

---

[1] 关键阶段1指5—7岁，关键阶段2指7—11岁。——译者注

[2] 英文全称为"Department for Education"，即英国教育部。——译者注

儿童为什么在学校使用语言

儿童在学校使用语言交流的原因和在家里一样。

儿童使用语言与机构中的教师和同伴建立良好的关系

当儿童从安全的家庭环境进入要求严格的学校时,他们会寻求次级依恋对象,从而在新的、具有挑战性的地方感到安全(O'Conner,2013)。他们经常像在家里一样向教师寻求确认、安全和保证。

儿童使用语言交流思想和感情

语言能力强的儿童相比语言和交流经验都有限的儿童,能更好地说出自己的感受,提出自己的想法(Dowling,2013)。和那些在表达自己的想法和感受方面有障碍的儿童相比,拥有丰富词汇的儿童更有能力提出自己的观点,表达自己的想法,调整自己的行为。

儿童使用语言进行批判性、创造性的思考

最初,儿童通过身体尝试弄清想法。但一旦开始使用语言,他们就拥有强大的新工具来思考。他们开始在头脑中对不在眼前的事物进行更灵活的思考,比如接下来将会发生什么,或可能会有什么不一样(Goddard Blythe,2005;Robinson,2008)。

儿童使用语言作为学习工具

他们描述、解释、推理和争辩。他们明确表达如何成为一名学习者,例如,"我坚持不懈,所以做起来更容易了""不成功……试试用这种方式……"。语言赋予儿童一种能力,使他们能够把新事物与自己所理解的已有事物联系起来。巴恩斯(Barnes,in Mercer & Hodgkinson,2008)解释说,"说话的灵活性让我们易于尝试用新的方式安排已知的内容,并在它们不合适时进行调整"(p.5)。

儿童使用语言培养对书写文字的信心

毕竟,读写只是对言语交流进行记录的过程(Stewart,2012)。拥有较大的词汇量、懂得句子结构、熟悉书中的语言,都与读写能力直接

第1章 互动对儿童学习的重要性

相关。我们与儿童的交谈总是不够。书写能力的发展需要儿童与具有回应性的教师进行一对一的交流,这种情况下,只要是与儿童相关并有效,且儿童在语言和身体能力上也已做好准备,教师就可以将读写技能教给儿童(Goddard Blythe,2005)。

然而,读写无论如何都并非儿童发展语言和交流能力的唯一理由。我们可以看到,在学校背景中缺乏说话、语言和交流能力将给儿童带来双重问题:

1. 难以掌握解释、猜测、推理和讨论所必备的思考能力;
2. 难以掌握进行有意义的读写所必需的语言能力。

互动为什么对教师重要

许多儿童进入学校后就在严重依赖交谈来学习的系统中处于不利地位。因而,没有早期教育教师低估语言和交流在教育中的重要性。尽管交流和语言是最基本的学习领域,但在课程中将它摆在最优先地位对当前很多学校而言是有很大压力的。作为儿童发展方面的专业人员,所有早期教育教师都应该帮助其他缺乏这方面知识的人了解:

- 交流和语言发展需要在正式的读写教学前就开始(基本领域能力要早于特定领域能力);
- 在儿童成长的早期阶段,读写学习的压力过大不会提高他们的能力,反而会导致失败、挫折和动力不足,这不是通向成功的道路;
- 与儿童进行对他们而言有意义的对话能从根本上促进儿童语言和交流的发展(见第5、6章),而非是在计划好的符合教师目的的交谈中。

建立温暖的关系

互动对教师来说十分重要,原因有很多。首先,(言语的或非言语的)互动可帮助教师和儿童建立温暖的关系。每位教师都深知关系是他们随后和儿童共同建构的学习质量的核心。罗伯茨(Roberts,2002)提示我们,婴幼儿要发展强烈的自尊才能成为自信、成功的学习者。这种自尊产生于关系,在这样的关系中,儿童及其想要实现的目标会被无条件地接纳。斯特恩(Stern,1985)建议父母为婴儿撰写"成长日记",这会影响父母对儿童的看法,最终影响儿童对自己的看法。罗伯茨对两个家庭在两年内的生活和经历进行每周一次的记录,生动地展示了"父亲对儿童的每一次微笑,母亲对儿童每一次需要的满足,都让儿童知道自己是被接纳的"(Roberts,2002,p. 5)。

婴儿和他们最早的教师之间成功的依恋关系,可以降低入托或入园时分离焦虑带给他们的伤害(O'Connor,2013)。幼儿和同伴以及教师建立关系的能力使他们在学校环境中更轻松地学习,从而获得更多的成功。早期教育教师需要热情、专注地和每个儿童互动,建立良好的关系,这是儿童社会性、情感发展和受教育的基石。

更好地了解和理解儿童

与儿童的对话和互动让教师知道,他们需要更好地了解和理解儿童。为人父母者或主要照料者都有机会看到儿童的日常发展,这也是蒂泽德和休斯(1984)以及威尔斯都提出家庭中的互动质量往往优于学校和幼儿园中的互动质量的原因之一。多数家长因对儿童很了解所以能够和他们同频思考,也能回应他们的问题。显然,大多数家长比学校或幼儿园班级中的教师所需关注的儿童数量要少,所以在儿童数量更多的班级中,教师若要在不同学习情境中和每个儿童都能交流互动就需要付出更多的努力(见第4章)。牛津郡成人-儿童互动研究项目发现,教师尤其要多加关注不希望和教师互动的儿童。有些儿童擅长避免互动，但他们往往最需要教师（见第 8 章）。英语非母语的儿童、害羞的儿童、不习惯和教师互动的儿童以及语言发展迟滞的儿童，对与教师互动倍感压力和挑战。然而，这些儿童正是需要教师共情对待并全力以赴与之建立交流关系的对象。

示范语言

有效的教师通过互动示范语言。希拉杰－布拉奇福德等人认为，通过模仿来学习通常是儿童渴望"像被模仿的人一样"或"被模仿的人喜欢"的结果。班杜拉（Bandura，1977）在探究社会学习理论时声称，"实际上所有直接经验产生的学习现象都是通过观察他人的行为而间接发生的"。他解释说，儿童如果没有机会见识他人的语言表达，就几乎不可能学会语言技能。因此，教师只要像家长一样与儿童进行有规律、有意义的互动，就有机会在共同参与的情境中提供语音、语义和语法方面的示范，以及纠正儿童。然而，儿童所做的不仅仅是吸收和重复从别人那里听到的词语和句法，他们还积极地构建一系列规则，使他们能够生成几乎可以无限变化的新句子。不幸的是，对那些学习英语的儿童来说，语言结构并不简单，例如，学习"I phoned"（我打电话）或"I walked"（我走路）后，概括出"runned"（跑）的用法却被告知是不正确的。然而，高普尼克等人（Gopnik et al.，1999）认为，矛盾的是，我们看到的儿童错误却表明他们正在以一种聪明的方式学习，因为这些错误揭示了他们是多么有意识地试图应用所学到的规则。

示范思考

教师应该通过互动示范思考过程。当然，很多人的思考都是基于语言的。因此，当儿童被赋予语言的力量时，教师也就会提高他们的思维能力。赫奇斯（Hedges，2012）的研究提出了新的观点，认为儿童是"生命理论者"，他们积极地展开对所处世界的探索。赫奇斯探讨了儿童"工作理论"的概念，它"代表儿童与他人共同思考、琢磨、学习和理解世界以便更有效地参与其中时所形成的暂时性的、不断发展的想法和理解"（p. 144）。苏联心理学家列夫·维果茨基（Lev Vygotsky，2012）的研究在强调社会文化理论在认知发展中的作用方面尤其具有影响力。他认为，认知发展是人类通过社会学习习得的语言内化的结果。尽管他认为思维和语言在生命之初是独立的系统，但它们在3岁左右时融合在一起形成儿童的言语思维，这就是维果茨基所谓的"内部言语"。有效的教师会对思维过程进行示范，知道如果儿童想要理解自己的努力对成为有效学习者的影响，就需要理解元认知（即对认知的认知）的发展。美国心理学家卡罗尔·德韦克和同事（例如：Benenson & Dweck，1986；Heyman et al.，1992）关于习得性无助的研究证明，关键是让儿童有信心去掌控自己的努力，知道失败是由于不够努力而不是先天智力（固有因素）所致。给儿童树立"努力思考"的榜样、（失败后）再次尝试、"找到一个替代性解决方案"等，都是影响儿童学习的有益策略，促使儿童形成模仿和效仿的态度，这种态度最终会被内化，使儿童相信（自己）和其他人都是"认知加工者"（Flavell，1976，p. 907）。

鹰架

有效的教师通过互动来鹰架儿童的学习。鹰架（scaffolding）这一概念源自维果茨基的"最近发展区"——儿童独立能达到的状态和他在教师（或更有能力的同伴）的帮助下能达到的状态之间的差距。维果茨基认为，通过教导来学习的能力是人类智慧的基本特征，儿童在更有知识或能力的他人的帮助下，可以逐步摆脱依赖，进行独立学习。伍德（1976）等人进一步发展了这一概念，他们提出"鹰架"一词代表一个有能力的成人在将一个学习情境分解为儿童可控的步骤时所识别的各个阶段。近来，范德堡等人（Van de Pol et al.，2010）提出的鹰架包含三个特征：（1）应变性——回应且提供适合儿童的支持；（2）逐渐退出——随着时间推移逐渐撤出支持；（3）责任转移——通过促进儿童的学习最终转移完成任务的责任。

对早期教育教师而言，鹰架的概念看似与教师主导的学习特别相关。在教师主导的学习中，教师为儿童的学习计划明确的目标。有能力的教师助力儿童建立联系，支持他们形成技能或理解，帮助他们专注于某个对象。但在儿童主导的学习情境中，鹰架也适用于教师支持儿童达成他们自己的学习目标。伍德（1998）曾说，儿童在独自学习时会"受到不确定性的极大影响"，不知道参加什么，也不知道该做什么。和婴幼儿在一起工作但又沉浸于自己的探索兴趣中的教师，无法识别儿童的无助和能力方面的不足。有能力的教师了解儿童，并能通过明智的评论、建议或提问（见第9章）支持儿童尝试掌握技能或达成目的。然而，在儿童主导的学习情境中不会看到儿童因不确定性而受挫，因为学习动力来自儿童自身，他们有非凡的能力保持专注，确切地知道自己想要达到的目标。

确认和巩固儿童的学习

教师通过互动来确认和巩固儿童的学习。所有的早期教育工作者都知道，相信儿童必须不断向"下一步"前进是危险的。因为儿童忙于建构一个关于世界是如何运作的内在模型，需要花大量的时间练习、重复、回顾和排练来将大量的新信息同化到暂时已知的经验结构中。在这个年龄阶段，技能和概念无法通过催促来学习，因为这两种学习都需要通过在不同情境下重复来确保其熟悉度、一致性和安全性。儿童如果匆匆忙忙，往往会因没有充分理解已发生的事情就试图理解新的东西而陷入误解。就像我在别处（Fisher，2002）解释的一样，学习的基础如同建筑物的地基。如果我们急于看到成果而不对地基给予足够的重视，建筑物最终就会倒塌。地基必须打得既宽且深，还必须有弹性，抵消建筑物承受的压力。最重要的是，我们需要花比建造建筑物更长的时间来打地基，所以在学习的基础还没有打牢之前，要抵制让儿童快速发展和高水平发展的诱惑，这是至关重要的。

拓展儿童的知识和理解

教师通过互动拓展儿童的知识和理解。有意思的是，牛津郡的录像资料中有大量的教师支持和巩固儿童学习的例子，却很少有有效拓展的例子。这和英国教育标准局于2011年在关于早期基础阶段影响的报告中的发现一致，即"教师错失了鼓励儿童解释并拓展思维的机会"。报告指出，这可能是教师"没有给儿童足够的时间思考"（这是本书经常探讨的一个问题）所致。对牛津郡项目的分析也指出，当教师开始拓展儿童的学习时，他们常常会从儿童主导转变为教师主导，从而降低了从儿童视角而言互动的关联性和有效性。教师的问题和评论往往具有强制性或诱导性（见第9章），由于教师未能基于儿童的思考和观点，因而对儿童的学习和发展产生的影响很小。

高质量的机构会通过以下两种方式中的一种来扩展儿童的学习。首先，通过向环境中添加一些材料（见第4章），加强持续性资源供给，或将所有资源重新配置（例如，建构区的小小世界中的人物）。其次，教师和儿童互动时可以给儿童的思考增加一些新东西，比如根据儿童所说的内容自然地植入一个新的想法，提供建议，或者提出一个问题，帮助儿童对世界有更深入和不一样的思考。

第 1 章　互动对儿童学习的重要性

总　　结

　　本章阐述了在机构中提高互动质量的有力证据。研究清晰一致地表明，在生命的最初阶段，儿童需要和教师交流互动。每个儿童在情感、社会性等方面发展得如何，取决于和他们互动的教师。每一位倾听、回应儿童和与儿童沟通的教师都将有助于提高儿童的语言质量和人际交往能力，并给予他们思考、推理、解释和说服的有效工具。因此，从事早期教育工作的教师，从婴儿开始，在照料儿童的过程中花时间交流和热情专注地回应是至关重要的。

　　互动很重要，对婴幼儿、教师自身的学习和发展都很重要。随后的章节将展示在学校或幼儿园班级中，有效的教师如何提高交流和语言的质量，也将探究有效互动的不同要素来帮助你反思和分析你与儿童的互动质量。下一章将具体关注婴儿和学步儿。

自我反思

1. 我能解释，为什么交谈在早期发展阶段对儿童那么重要吗？
2. 儿童有充分的机会出于自己的目的（而不是我的目的）来跟我交流吗？
3. 儿童能从我和他们的每次交流中获益吗？

第 2 章

与婴儿和学步儿互动

"对发展最有力的影响之一是人与人之间的互动。"

——霍布森（Hobson，2002）

对幸运的婴儿而言，与父母充满爱的沟通始于出生之时。当然，这时的沟通并非是用词语表达的，而是霍布森（2002）所描述的由手势、声音和面部表情等构成的"真正的彩虹"。婴儿来到世界，带着"天生的发起、维持和结束与他人社交互动的能力"（Emde，1989，p. 38）。这种非言语沟通对婴儿与父母建立起生存所需的亲密联系至关重要，并会引发双方的交流和理解，这是婴儿的发展所依赖的。

古赫和鲍威尔（Goouch & Powell，2013，p. 83）表示，特别是在婴儿室，说话的需求"对大脑发育和学习很重要，这适用于日托中心的婴儿及其教师"。然而，与还不会说话的婴儿互动对教师来说可能是充满挑战的。有效的互动需要专注的教师留意婴儿传达的信号和信息。通过声音、手势和面部表情，婴儿能够以非言语的方式沟通很多内容。回应婴儿的信号和信息需要教师把婴儿视为有很多话想说的有效的沟通者。当沟通取决于如此多的非言语线索时，教师必须特别专注以确保准确地解读婴儿的信息。婴儿在说话、语言和沟通方面的很多未来技能取决于他们第一次与之交谈的教师的回应。本章聚焦于婴儿、学步儿与照料他们的教师之间要求很高但有益的互动。

互动的基础

出生至2个月

"社会脑"

儿童前两年在社会性发展上的显著进步源自"对他人的基本吸引力"和他们"对他人出色的回应能力"（Murray，2014）。在著作《婴幼儿心理学》(*The Psychology of Babies*，Murray)中，默里通过使用录像片段的图片序列解释儿童社会性理解的发展，清晰地展示出新生儿与他人互动的非凡能力和意愿。

识别声音

在出生之前，儿童就可以听到并识别声音。在子宫待了几个月后，他们的大脑已经特别习惯于人类的声音，也可以识别出父母的声音。在出生之后，众所周知，相较于其他听觉刺激，婴儿会更关注人类的声音（Karmiloff-Smith，1995；Blasi et al.，2011）。婴儿被父母的声音和面孔吸引，并可以很快地学习使用自己的声音来表达需求。

看向面孔

新生儿喜欢盯着面孔或类似面孔的物体（de Hann et al.，2001）。默里（2014）说，从出生开始，婴儿就表现出强烈的意愿去回应任何与建立社交联系有关的人类特征。当婴儿被教师抱在怀中时，他们的视线正好能够看到一张面孔，其他都是模糊的。在人生的前三个月，婴儿很难把注意力转向视野边缘的刺激，这种状态被称为"注意黏滞"。罗宾逊（Robinson，2009）说，这种状态可能会真正地支持婴儿在没有其他视觉刺激干扰的情况下熟悉特定的面孔。

第 2 章 与婴儿和学步儿互动

眼睛注视

识别他人并非是婴儿特别关注面孔的唯一原因。眼睛注视的方向对帮助婴儿发现其他人在关注什么以及向其他人展示自己在关注什么很重要（Robinson，2008；Karmiloff-Smith，2010；Murray，2014）。在最初的几个月，婴儿学着追随他人的注视，预测一定有什么有趣的事物吸引了他人的注意力，并看向同一个方向。首先，建立起双向注视是必要的。如果教师的脸早已转向其他方向，婴儿就无法追随教师注视的方向（Senju & Csibra，2008）。婴儿必须先看到直视他的面孔（心理学家称之为"二元注意"），然后才会追随转移的目光。卡米洛夫－史密斯（Karmiloff-Smith）认为，这对共同注意和物体命名有重要意义。一位教师如果与婴儿建立起双向注视，接着把目光转向一个物体并确认婴儿正在看着同一方向（心理学家称之为"三元注意"），随后就可以命名这一物体："看，是的，它是拖拉机。"

被抱着

当婴儿被父母或关键人（见第 3 章）紧紧抱着时，研究发现他们的心率会"同步"。罗宾逊（2009）提醒我们注意，当大部分婴儿被抱在左侧时，会实现心与心的连接。在照料悲伤哭泣的婴儿时，戈德施米德和杰克逊（Goldschmied & Jackson，1994）阐述了教师调整自己的呼吸来减少压力和恢复镇静的重要性，这样就不会将烦躁传递给怀中处于紧张状态的婴儿。两位作者建议教师"专注地倾听，或许可以用最平静、轻柔的声音告诉婴儿……温柔地按摩，而非烦躁地拍打、上下抖动和焦虑地喋喋不休……"（p. 76）。轻柔地摇晃或按摩都是与婴儿交流的方式，这些是早期语言发展的基础。当教师伸出双臂询问婴儿是否累了或饿了时，就会引发有婴儿参与其中的"对话"（Manning-Morton，1994）。

触摸

罗宾逊（2008，p. 54）表示，人们"普遍认可，舒缓地触摸、自信地接触和拥抱是照料婴儿的必要部分"。在出生之后的前几周，很多亲子沟通是通过触摸发生的。当家长给婴儿洗澡、喂饭，把他们抱在怀中、轻抚，哄他们睡觉或缓解他们的悲伤时，联系就发生了。虽然触摸的行为并不总是包含面对面的互动，但默里（2014，p.9）认为即便如此，当家长"根据婴儿的状态和信号调整自己的触摸，以及婴儿相应地调整自己的回应行为"时，仍存在一种沟通交流。

触摸通常"充满情感意义"（Robinson，2008，p.49），可以传达从同情到攻击的任何信息。很小的时候被触摸的经验会伴随儿童的成长，并在儿童长大后对触摸和被触摸的容忍度上表现出来。在某些情况下，婴儿可能并不讨厌触摸，但可能对是谁在触摸他们产生反感，因为并非每一位教师都觉得这种充满情感或关怀意义的触摸是容易或自然的，婴儿会察觉到这一点。戈德施米德和杰克逊（1994）提倡个性化照料，将其作为应对由任何人或许多不同的教师共同对儿童进行亲密的身体照料的解决办法。为了为关键人方法打下基础，戈德施米德和杰克逊认为，真正的社交能力来自与少数亲密的人之间可靠的情感体验。两位作者讨论了在浴室常规中礼貌地触摸这一敏感问题，表示"我们的身体意象是很珍贵的，对每个人来说也都是完全个性化的，对待自身的态度与我们在教师那里获得的早期体验有着密切的联系"（p.113）。

模仿

模仿在婴幼儿之间身体和社会性层面的互动中发挥着重要的作用。正是大脑中镜像神经元的存在，使得婴儿将所看到的内容和"运动或感觉系统中动作模式的建立"形成"匹配"（Robinson，2008）。模仿能力是引人注目的，因为婴儿还不能看到自己的脸，所以完全依赖将看到的其他人的动作与他对自己面部运动的感觉进行匹配（Murray，2014）。特雷尔瓦森（Trevarthen，2002，p.17）称，"所有儿童都天生渴望在有意识的合作中获得学习"，且"新生儿会模仿对话中声音、面孔和手势的表达……

并期待适宜的回应"（p. 22）。凯（Kaye，1982，p. 53）认为，首先父母与婴儿之间的关系存在不对称性，这意味着任何沟通最初都是父母创造的，他们对婴儿的表达性反应进行解释，"就好像"这些反应是有意义的，这会很快使得婴儿成为"一个在主体间沟通的聪明的伙伴"。不论动机是什么以及谁引导交流，早期面对面的接触都有助于"建立亲密的情感关系和对话的环境，让父母了解婴儿的表达能力并传达他们的共鸣和理解，为之后更明显的社交、沟通奠定基础"（Murray，2014，p. 10）。

调谐

与婴儿互动不仅是身体的交流。关注父母或教师与婴儿之间情感联系的影响的研究人员提到了"调谐"的重要性，即成人"让儿童知道，其情感被接纳，得到了共情和（在适宜的情况下）回应"（Rose & Rogers，2012，p. 41）。婴儿刚出生时，让自己的需求得到满足的冲动是很强烈的，父母对婴儿哭泣的回应可以帮助抚慰和包容婴儿的情绪。例如，父母"接纳"婴儿强烈的感受，并通过触摸、手势和言语进行沟通，从而使这些感受更可控。温尼科特（Winnicott，1960）描述了当被生命中的重要成人"牢记在心"时，儿童如何在关系中变得安全。成人回应婴儿情绪的方式，决定了婴儿最终如何看待自己的情绪，以及他们是否认为这些情绪是可以被接纳的。戈尔曼（Goleman，1995，p. 100）说，正是"成人与儿童之间无数次重复的调谐或失调"塑造了儿童的情绪健康。

依恋

理想情况下，昂德当（Underdown，2007，p. 41）说，"婴儿认识到他们可以依靠社交网络中的主要成人来帮助减轻压力和分享喜悦与乐趣"。因为生存是尚未独立的婴儿的主要目标，所以婴儿将父母视为安全和保护的来源。如果父母给予婴儿所需的"安全基地"（secure base），那么婴儿会形成一种对他们的身心健康有很大影响的依恋，安全感和被保护感会延续至成年期（Bowlby，1988；Gerhardt，2004）。当婴儿的需求被满足时，反过来也会带给父母满足和愉悦，因此婴儿和父母的关系持续得到强化。奥康纳（O'Connor，2013，p. 3）认为，婴儿对父母的依恋不仅来自父母知道儿童需要照料，更是因为"婴儿会触发父母大脑中的某些物质，提供回应和照料他们的驱动力"。

令人难过的是，并非所有儿童都会得到理想的对待。一些父母没有能力以积极的方式回应婴儿的需求，更别说他们的悲伤。婴儿寻求关注的哭泣可能会触发父母或教师的消极反应，这些人本身就有巨大的情感需求。有时，婴儿的哭泣会让成人变得愤怒并远离儿童，而非引发他们的回应和照料行为。一些人可能因为自己童年时的体验让他们难以与婴儿产生联系，另一些人可能因为婴儿性格带来的挑战让他们难以满足婴儿的需求，还有一些母亲可能因为经历了产后抑郁。一些成人发现，在照料中保持一致是困难的，他们的回应不规律，有时会有时却不会给婴儿提供他们所需的东西。如果消极的回应被不断重复，那么婴儿会明白成人是不可靠的，他们不得不带着一种非健康水平的不确定性生活（Cairns，2002；Schofield & Beck，2006）。这会导致婴儿的大脑充斥着一种应激激素——皮质醇，它往往让婴儿变得更易激动和难以满足。

当婴儿不能安全地依恋父母或关键人时，他们会本能地出现或形成一些需要应对的不同行为。一些儿童变得退缩，不再尝试与成人接触。另一种极端情况是，一些儿童变得很焦虑，他们不断地寻求关注来确认自己没有再次被"遗忘"（Schofield & Beck，2006）。这些行为给想要与儿童在未来建立起健康关系的父母和教师带来很大的压力。

安全依恋型的儿童会形成自我认识，即"他们是可爱的和被爱的人"（O'Connor，2013，p. 5）。正因如此，当事情进展不顺利，以及当他们因某些事件或关系变得情绪化时，他们有能力应对这些问题。安全依恋型的儿童"可能会难过、愤怒、悲伤或焦虑，但是他们相信其他人会帮助他们，他们不会长时间激动。他们正在形成重要的情绪复原力，这对心理健康至关重要"。

教师回应出生至 2 个月大婴儿的方式

» 留意和解读婴儿想要传达的内容。
» 告诉婴儿你正在做什么以及你正在想什么。
» 在互动时，使用高低起伏的语调，夸张的面部表情和睁大的眼睛（妈妈语）。这类行为能吸引婴儿的注意力，帮助他们聚焦于互动（Gable，2010）。
» 因为婴儿还不会注意特定词语的含义，所以教师使用的句子可以比之后使用的句子更长、重复更少。
» 当与婴儿说话时，进行眼神接触，始终微笑、唱歌和互动。
» 模仿婴儿的声音、表情和手势，看看他们是否也会模仿你。
» 当婴儿发音时，倾听和回应，在"对话"的开始阶段轮流进行。

互动的发展

2—6 个月

初级主体间性

研究表明，人类生来具有"与他人协调行动"的本能（Stone et al.，2012）。母亲（通常是母亲）与婴儿的双向互惠关系，能促进婴儿的社会性、情感和认知的学习，这种关系常被称作"主体间性"。主体间性强调人际关系是与他人分享经验、建立联系、进行双向的情感交流。通过互动，父母和儿童形成一致的理解，双方都对"和谐、交融"（Balint，1992，p. 66）的场域做出贡献。主体间性指的不仅是交流信息、感受和意图，还包括随着婴儿长大对他人视角的日益增长的意识。

大约从第2个月起，婴儿明显开始出于社交原因进行沟通。婴儿不再只是注视父母，而是变得更加专注，且可以长时间地集中注意。他积极地寻求眼神的接触并配合父母的表情，越来越多地用"微笑、发声和手势，以及更有意的、发展良好的嘴巴和舌头的运动（即'前语言'）"（Murray，2014，p. 11）伴随他看向父母的目光。这一社交参与逐渐增多的阶段被称为"初级主体间性"。特雷尔瓦森（1993；1998）描述初级主体间性是婴儿对成人沟通意图的主动、即时的回应。特雷尔瓦森和艾特肯（Aitken，2001）认为：

在对成人行为中有规律的时间模式的可测量和可预测的回应循环中，婴儿调整自己的脸、手和发声系统为成人的声音表达模式。（p. 6）

特雷尔瓦森和艾特肯相信，在适宜的条件下——新生儿是机敏的、平静的、没有压力的，且有一位敏感的成人陪伴——初级主体间性从出生时就能看得出来。然而，并不是所有人都接受这些结论，需要结合详细的录像进行解释，但是确实到了第2个月时，婴儿的社交能力加速发展，他们与主要照料者的关系反映出婴儿"社交沟通惊人的动力和能力"（Murray，2014，p. 11）。

在三四个月左右，婴儿的视敏度有巨大的提升。虽然他们之前只能看到22~30厘米远的物体，但此时婴儿的视力已接近成人的视力（Murray，2014）。婴儿日益增长的远看能力刺激他们与周围的物体和人接触的好奇心。例如，婴儿停止与父母进行同一高度水平的视线接触，更享受看看周围的世界，他们可能专注于探索触手可及的物体。婴儿在社会性交往中的兴趣和动机发生改变，受这些发展的驱使，父母会找到与婴儿沟通的不同方式。例如，父母可以引入一些伴随童谣的身体游戏，如《做蛋糕，做蛋糕》（Pat-a-cake Pat-a-cake）或《绕着花园转啊转》（Round and round the garden）。这些童谣通常具有音乐性和节奏性的结构，因为这个年龄段的婴儿对旋律和节奏的变化越发敏感，而且这些童谣经常有一个聚焦于儿童身体某部位的高潮性结尾，或是以响声、拍手、爆炸声结束。

效仿和标记

随着婴儿在面对面互动中的表达能力得到发展，父母必然会变得更感兴趣和更投入地支持婴儿的社交行为。父母会经常效仿婴儿的声音、手势或行为，从而传递出积极的信号，表明他们对婴儿的兴趣和关注。父母也对婴儿的信号做出面部"标记"，它"不同于效仿，不是模仿婴儿的行为，而是……强调婴儿特定的行为并进行确认"（Murray，2014，p. 11）。通过对婴儿特定的手势、声音或表情表现出热情，父母强调了这些行为的重要性。随着时间的推移，父母的回应向婴儿表明某些行为能够唤起某些（令人满意的）反应。标记在互动的发展中是非常重要的，因为它"向对话伙伴双方呈现出同样的特征，既让婴儿有时间表达自己，又让父母可以随后做出评论，如'哦，我明白了'或'那样对吗'，'就好像向婴儿强调他的行为是重要的，且真正有助于促成双向对话'"（Murray，2014，p 13）。效仿和标记创造了父母和婴儿之间的联结，有助于维持婴儿的参与和快乐，并且是未来所有沟通交流的基础。

社会敏感性

2—4个月大时，婴儿对面对面互动的特征变得越来越敏感。实验研究表明，婴儿会受到社交伙伴一方非正常或非预期行为的影响。有重大影响的"静止脸实验"（Tronick et al.，1978）表明，即使是非常小的婴儿也"期待"自己的行为方式和照料者的回应之间存在一定程度的相似性。这一实验选取了2—9个月大的婴儿，实验程序包含三个阶段：（1）母亲正常与婴儿进行面对面互动；（2）母亲遵循指令做出静止脸或扑克脸（即面无表情），不回应婴儿；（3）母亲恢复到自然的社交互动。即使婴儿只有2个月大，实验结果也是令人印象深刻的。2个月大的婴儿面对没有回应的母亲会变得严肃并看向其他地方。在重复尝试把母亲从静止状态中唤醒后，婴儿最终放弃。科根和卡特（Kogan & Carter，1996）研究了在该实验程序最后的恢复阶段婴儿的行为差异。拥有敏感的母亲的4个月大婴儿在静止脸阶段结束后能顺利地重新互动。与此相反，拥有不太敏感的母亲的婴儿在静止脸阶段结束后，倾向于避开或似乎拒绝母亲。

如果婴儿熟悉的一个游戏（如"躲猫猫"）的步骤顺序发生改变，或者成人以一种不合时宜的情绪（如看上去悲伤、生气或恐惧）结束游戏，这个年龄段的婴儿就不会表现出正常的微笑。相反，当一个自然的变化发生时，例如，当成人仅仅是转过头和其他人交流或者看附近的什么东西时，婴儿会保持镇静，通常安静地、带着积极的兴趣观看。所以，婴儿似乎是根据父母或教师的情绪来尝试管理自己的情绪的（Murray，2014）。

教师回应2—6个月大婴儿的方式

» 告诉婴儿正在发生什么，他们可能正在看什么，你正在做什么。

» 为婴儿努力沟通赋予意义——"哦，你看起来不高兴，一定是到喝奶的时间了。""你笑得真开心，你喜欢这本书，对吧？"

» 充分利用你和婴儿面对面的时间，如换尿布、吃饭或唱歌。婴儿对成人的面孔很着迷，当脸靠得很近时，婴儿喜欢盯着看。

- » 关注婴儿独特的情绪表达方式、偏好的活动水平和社交倾向（Gable，2010）。
- » 追随婴儿的兴趣点并对其进行评论。
- » 建立眼神接触，扬起眉毛，微笑，并用热情的"妈妈语"进行沟通，向婴儿表明一些有趣的事情正在发生。
- » 和婴儿一起大笑和玩乐——你笑得越多，他们回应的笑也越多。
- » 给婴儿足够的时间来回应和主动沟通。
- » 回应婴儿的情绪信号并解读他们想告诉你什么。
- » 哼唱歌曲或童谣，特别是重复的段落和动作；用身体游戏创造一个共同的趣味点。

6—9个月

口语和沟通

到了这一发展阶段，婴儿可以有意识地进行沟通，很多婴儿变得非常具有社交性（Weitzman & Greenberg，2002）。6—9个月的婴儿开始咿呀学语，发出一连串的辅音，如"dadadadadada"。他们开始理解第一个词语并回应对物体的命名，如果成人说"车子"或"泰迪"，他们就能表现出认识。这个阶段的婴儿在做手势时也会使用一些简单的词语，比如在挥手时说"拜拜"。他们可以把一些手势与恰当的情境联系起来，比如当想要被抱起来时，他们会抬起胳膊。有证据表明，这个阶段的婴儿可以记得被藏起来的物体的位置，特别是针对一些喜欢的玩具，这就增加了父母和教师跟他们玩捉迷藏游戏的可能性。婴儿会更积极主动地模仿，用之前模仿表情、声音和手势的方式收集并复述一些词语。

次级主体间性

在这个阶段，婴儿从让教师了解自己的需求（如喂饭、换尿布、触摸、被爱）转向让教师了解自己的愿望。一开始时，如果婴儿想要一个喜欢的玩具，他仅会看向它，可能还会朝玩具的方向倾斜，并发出声音表达想要拿到玩具的愿望。父母或教师需要解读这些手势和声音可能意味什么，因为婴儿还没有准备好通过看着父母或教师表明想要他们帮他拿到玩具。

这个阶段结束时，婴儿的社会性发展发生另一个转变。从初级主体间性（主动、即时地回应他人的沟通意图）转向次级主体间性，此时一个物体或事件会成为父母或教师与婴儿共同的关注点。这意味着，婴儿开始意识到教师不仅与自己有联系，也与周围世界的物体和事件有联系。婴儿开始"意识到其他人的意识"（Hobson，2002，p. 63）。斯特恩（1985）提出"主体间性自我"（intersubjective self）在大约9个月时出现，这时婴儿被认为能注意到他人受到他的主体性影响，正如他受到他人的主体性影响一样。通过这种方式，斯特恩（2004）表示，"两个大脑创造出主体间性。但同样的，主体间性塑造两个大脑"。特雷尔瓦森（1993；1998）和赫布利（Trevarthen & Hubley，1978）把次级主体间性界定为与另一个人协调和分享他对一个物体、事件或行动的注意、感受和意图。很多实验研究表明，9个月大的婴儿在自我意识、情感沟通、依恋行为和认知方面存在发展的转变。这些研究对建立"婴儿行为的特定形式可以揭示其自我意识和他人意识的发展变化"这一观点至关重要。

6—9个月大时，婴儿开始预测父母或教师的行为，他们的目光会快速移动，预测即将发生的事情，例如，当父母去厨房吃点心时，他们会看向冰箱。如果他们看到一个人对某个物体感兴趣（看向它或指向它），但随后很明显改变了他的目标去拿起并握着另一个不同的物体，婴儿甚至会表现出惊讶的样子（Murray，2014）。重要的是，默里指出，婴儿对

第 2 章 与婴儿和学步儿互动

于他人行为背后意图的很多理解与他自己做同样事情的能力发展相一致。因此,"一旦婴儿开始抓握或指向东西,他们就有能力看到他人抓握或指向的目标;当他们能够自己爬行时,他们可以预测其他正在爬行的婴儿的移动路径"(p. 26)。

婴儿也发展其他的行为来逐渐意识到自己是其他人的兴趣焦点。六七个月大的婴儿开始建立自己的"派对花招"(party tricks)本领库,并且以越来越复杂的方式使用它们进行社交互动。这些派对花招通常是从无意识开始的,伴随着一个行动或声音引起父母发笑或积极地回应他所做的事情。当婴儿体验到这种积极的回应后,他开始故意做出同样的行动或声音,一次又一次地唤起积极的回应。儿童的幽默、逗弄和玩笑让我们得以了解儿童的发展水平以及他的头脑里在想什么(Kutner, 2013)。随着逐渐长大,儿童学习使用幽默,不仅是为了它的内在价值,更是为了它对于关系和互动的价值(Cunningham, 2004)。

教师回应 6—9 个月大婴儿的方式

» 利用每个机会与婴儿互动。
» 跟婴儿讲话,然后停顿,让婴儿回应。
» 把婴儿的手势、声音和表情视为沟通的认真尝试,并相应地进行回应——说话、微笑等,以表明你正尝试解读婴儿向你表达的内容。
» 在这个阶段,你说的句子更短,重复更多。
» 有意识地使用词语拓展婴儿的词汇;当你的注视和婴儿的注视都指向某一物体时,说出物体的名字。
» 把你的评论与婴儿的注意点匹配。
» 意识到婴儿在多大程度上开始模仿你说的话和你做

的事情……做好榜样。
» 使用物体的正式名称，如"球"，而不是"它""那个"或"它们"。
» 行动和词语同步，例如，说"拜拜"时挥手，或举起你的手对婴儿说"上"。
» 积极回应婴儿所有把词语和行动联系起来的尝试："哦，我看到你想让我把你抱起来！"

9—12个月

口语和沟通

儿童接近1岁时，他们的语言能力会显著提高。虽然婴儿在这个时间点也许仅能说出很少的词语，但要记住，他们可以理解的远胜于此。事实上，研究者发现，婴儿开始理解语言的速度大约是真正学会说话的速度的两倍。这个阶段的沟通是有意识的；婴儿开始变得非常具有社交性，并进入一个把沟通与其他人及物体都联系起来的时期。这意味着，婴儿能更好地理解他人经验，并将他人的经验与自己的经验联系起来。到9或10个月时，大部分儿童可以理解生活中很多重要他人的名字，包括自己的名字，并且知道很多重要物体的名称，如"球""床""车"。虽然婴儿还不能准确地说出这些词语，但是他们已开始一致地使用一些具有特殊含义的发音，例如，"uck"可能意味着"look"（看）。该阶段的一些儿童可能会说少量简单的词语，但肯定会越来越多地尝试模仿成人讲话。他们与父母或教师"共同注意"的能力越来越强，这意味着对某个互动的关注可以共同维持。该阶段一个令人高兴的发展是，婴儿有能力在游戏或《小船划呀划》（Row, row, row your boat）等歌曲中进行轮流。这种轮流是非常关键的，因为婴儿将逐渐成为真正的对话伙伴。

更多的移动

1岁时,许多婴儿的移动能力提高。移动的婴儿可以爬行,拽着东西站起来,或者迈出第一步。这与大多数儿童12个月大时出现的简单深度知觉相伴(Robinson,2008)。日益增强的探索世界的能力,以及更好的视觉协调能力,让婴儿的好奇心增加,因为大部分世界都在他们触手可及的范围。随着婴儿可以到达更远的地方、看到更多的事物、抓到更多的东西,教师有更多的机会进行评论、命名和描述儿童看到、感受到和听到的内容。随着对互动概念的进一步理解,婴儿将对令他感到惊讶和受到启发的对话做出反应。与感兴趣的、专注的成人交流为婴儿提供了许多通过面部表情、身体动作和声音来表达感受的机会。

社会性参照

大概从10个月开始,婴儿普遍更能意识到其他人的回应,特别是来自主要照料者的回应。他们开始利用其他人的反应来指导自己的行为,看向父母或教师以寻求回应来帮助他们处理新的经验。他们需要成人评估情境并给予他们积极或消极的反应,这样婴儿就会知道如何应对(O'Connor,2008)。例如,他们可能在行动之前寻求指导——穿过这扇门是安全的吗?触摸火呢?捡起这张纸呢?他们也可能观察成人的情绪反应——妈妈喜欢这个人吗?和这条狗在一起安全吗?社会性参照依赖儿童阅读面部表情的能力(这也是为什么孤独症谱系障碍儿童不能将其作为提示的原因),一旦儿童达到了这个发展阶段,他们就很可能模仿在成人的脸上看到的反应。婴儿不仅使用社会性参照去建立边界——它也让婴儿明白,在面对类似情境时该如何做出反应。例如,当儿童跌倒时,母亲可怕的尖叫和随后的慌乱可能导致当此事再次发生时,儿童也出现类似的行为模式。有趣的是,随着婴儿社交敏感度的发展,他们开始根据成人的反应、微笑或完全相反的表情,判断自己的行为边界可以被推到多远。

社会性参照经常被认为主要是一种视觉现象(Recchia,1997)。在研究婴儿的行为是如何被父母的回应引导和调节的"视觉悬崖实验"中，婴儿爬过一个有机玻璃的表面，这个表面是透明的，让婴儿视觉上有一个很明显的坠落感，但同时又不会掉下去。婴儿的母亲从另一边看着他。首先，母亲被要求表现出害怕和焦虑的表情，随后是自信和高兴的表情（Scorce et al., 1985）。当母亲的表情是自信和高兴时，大多数婴儿会爬过"悬崖"，而当母亲的表情是害怕和焦虑时，婴儿不会爬过去。有趣的是，当对12个月大的婴儿复制出视觉悬崖的场景时（Vaish & Striano, 2004），婴儿会接收来自母亲对如何应对这个场景的不同提示。反应最快的婴儿是那些同时接收到面部和声音提示的婴儿，而非那些仅接收到声音或面部提示的婴儿。在摩西等人（Moses et al., 2001）做的进一步研究中，他们发现12—18个月大的婴儿会利用成人的声音［积极的，如"nice"（好）、"wow"（哇）；或消极的，如"yeech"（哎呀）］来调整他们对陌生玩具的行为。这些发现表明，在指引婴儿行为方面，即使没有视觉参照，声音提示也比面部线索更有效。

陌生人焦虑

日益增长的他人意识让处于该发展阶段的婴儿在令他们感到安全、可靠的人与令他们感到警惕、害怕的陌生人之间表现出一种明确的区分（Murray, 2014）。如我们所见，婴儿在前8个月左右发展出对父母的特殊依恋，这是影响未来所有关系质量的基础。但是在9—12个月，曾经乐于与陌生人亲近的婴儿突然变得非常谨慎和不安。如果被留下来和陌生人待在一起，之前安心的婴儿现在会表现出焦虑，并总是烦躁，直到熟悉的父母或教师返回。在20世纪70年代，美国心理学家玛丽·安斯沃思和同事（Ainsworth et al., 1978）开发出一种研究技术来评估12—18个月大儿童的依恋质量。这个技术叫"陌生情境测验"，它可以让研究者观察当婴儿被留在一个陌生的地点，与一个陌生人在一起时，他们的反应和行为模式。儿童对与父母分离和重聚的反应方式被视为安全依恋的一个指标。正如奥康纳（2013）所说，安全依恋型的儿童已经建立了关于父母的记忆，即父母是可以提供保护的人，当父母离开时，他们可能会哭泣，而当父母回来时，他们普遍很开心。非安全依恋型的儿童可能会对父母的离开表现出矛盾的情绪，甚至在父母返回时感到痛苦。随着婴儿在社会性和情感上的发展，父母和教师要理解儿童在最初几个月里形成依恋的重要性，以及这种依恋最终如何帮助儿童在周围的交际圈中变得自信和独立。

教师回应 9—12 个月大婴儿的方式

- » 当婴儿咿呀学语时，模仿他说话，轮流说，并进行"对话"。
- » 始终使用语言向婴儿说话、描述和解释事物。
- » 重复婴儿说的词语并强化它们，例如，婴儿说"车"，你说"这是红色的车"。
- » 回应婴儿的指向，尽一切努力理解他们尝试表达的信息。
- » 在与婴儿对话时停下来，让他有机会"说"。
- » 仔细思考你给婴儿的"信息"，特别是当他们盯着你想看你如何对情境或他人做出反应时。
- » 请记住，婴儿依靠你来保障安全，并在陌生情境中或和陌生人在一起时向你求助来确保安全。
- » 继续拓展婴儿的歌曲、童谣和故事库，让婴儿可以"轮流"说或唱。
- » 哼唱一些用身体来讲述故事的律动童谣，比如《小小蜘蛛》（Incy wincy spider）和《绕着花园转啊转》。

12—18个月

口语和沟通

到这一阶段结束时,大部分儿童有能力说出约 20 个熟悉的词语,如"牛奶""车子""还要"。词语通常以婴儿的方式被使用,如"wa—wa"表示一个喜欢的毯子,所以陌生人或亲戚也许不能理解,但是父母或教师通常可以。学步儿经常使用一个词语来表达一系列不同的目的。例如,"爸爸"可能是表示"爸爸走了""爸爸的外套""爸爸把我抱起来",也可能表示"全体男性"。处在这一发展阶段的学步儿通常能够理解一些简单的、在日常生活中经常听到的短语,比如"穿上外套""到吃饭时间啦"或"都走了"。学步儿如果没有得到回应,就会一直坚持寻找更好的方式来表达自己,直到得到想要的回应。在这个阶段,学步儿喜欢律动歌曲,比如《我有一只小乌龟》(I had a little turtle)或《波莉小姐有一个洋娃娃》(Miss Polly had a dolly)。

社会联系和互动

随着年龄的增长,学步儿进一步表现出他人意识,了解到其他人不仅与作为人的他有关,也与周围世界的物体有关。他们开始意识到其他人也有感情,并越来越明白其他人目标导向的行动意图(Robinson, 2008)。在此阶段,学步儿开始想要把东西给其他人。例如,他可能递给爸爸一个杯子,爸爸反过来再递给他。虽然仅仅是让杯子再次返回手中,但是学步儿能够从多次重复这个活动中得到极大的乐趣。

随着学步儿在游戏中扮演更互惠的角色,次级主体间性得到进一步的展现。在此阶段之前通常是父母来设定游戏的场景、编排动作,但是现在学步儿开始扮演与父母之前一样的角色。默里(2014)的书中阐述的一个视频序列显示,12 个月大的本吃完午餐后用经常擦手的布挡住了他的脸(这是他母亲之前玩过很多次的一个游戏)。他的母亲通过说出一个长长的、预料之中的"ahhhh……"来支持游戏的进行,并随着本移开遮在脸前的布，与他一起开心地说"boo"。

指向

此时的学步儿展示出新形成的指向技能。学步儿意识到，自己、物体和其他人之间存在联系，并利用这些知识把成人的注意力吸引到他感兴趣的物体上。婴儿的指向有两种方式。

命令式指向：它真正的含义是"我想要"，比如指向一个杯子、一本书或一个玩具。

陈述式指向：学步儿指向感兴趣的事物是为了把教师的注意力吸引过来，比如指向一辆拖拉机、一个气球或一只鸟。

指向能力的关键在于，它展示了幼儿对共同兴趣和注意的理解。幼儿对"你""我""我们"有了初步的了解，并意识到他可以把某人的注意力吸引到他感兴趣的事物上。这是发展"心理理论"的第一个关键步骤，是儿童对他人心理状态的理解，以及理解其他人行为背后的信念、愿望和意图。

教师回应12—18个月大学步儿的方式

» 回应学步儿对话的开场白——示范双向沟通很关键。

» 如果学步儿在指向什么东西，告诉他们那是什么（如"那是一个宝宝"），并且尽可能强化（如"我想知道，她会不会像我们一样去商店？"）。

» 如果学步儿说了一个双词句，如"爸爸的外套"，就用一个更长的句子回应，如"我认为爸爸的外套在衣柜里"。

» 即使理解起来很困难，也应该倾听学步儿。当学步儿尝试传递信息时，如果你的回应没有试图理解信

互动还是干扰？

息是什么，他们就会变得沮丧。
» 一起分享书籍，因为故事是导入对话的一个很棒的方式。
» 一起看照片，这是开启对话的另一个绝佳方式。
» 当进行"对话"时，确保你是在回应学步儿觉得有趣的东西，而不是在询问很多你认为有趣的问题。
» 花大量的时间在户外与学步儿一起说话、倾听和探索——外面的世界有很多可以谈论的内容。

18—24个月

口语和沟通

在第二年左右，大部分儿童会经历一个词汇的爆发期，他们的词汇量会增加至大概200个词语（尽管如第1章所述，儿童使用词语的数量受到其他人对儿童所说的词语数量的影响）。在此阶段，儿童可能会使用两个词的句子。这些"句子"通常涉及许多可能的场景，例如，"妈妈的帽子"可能指的是"妈妈的帽子在这里""我想要妈妈的帽子""妈妈戴上了帽子"。许多父母和教师将熟悉这一事实，即正是在此阶段，儿童学会"不"这个单词。他们经常在句子的开头使用强烈的否定词——"不"或"不是"——来强调自己的感受或想法。也是大概在此阶段，儿童开始问问题，特别是"什么"和"在哪里"，反过来他们也开始理解一些简单的问题，比如："你的书在哪里？"如果儿童和专注的、具有回应性的成人一起使用语言，这意味着他们开始进行简短的口语对话。

心理理论

通过与父母、教师和兄弟姐妹日益熟练的互动，儿童学习协调不同的世界观，并学着更客观地看待情境。理解其他人作为人类也有欲望、信念和对世界的阐释,这通常被称为具有"心理理论"(Smith et al., 2010)。"理论"一词表明,我们不能看见或摸到他人的心理,只能从他们说了什么或他们如何行动中去推断(或推理)其他人的心理状态。因为它涉及情绪、愿望、欺骗、信念和不同的观点,所以也几乎不可能精确地定义,这也是为什么心理学家对儿童何时有能力达到这种心理状态存在分歧。许多心理学家认为,儿童只有到 4 岁左右才能够理解其他人可能对世界拥有与他自己所知事实不同的信念(也就是说,其他人拥有一个"错误信念"),这个年龄的儿童在某些测试中会给出关于其他人"错误信念"问题的正确答案(Wimmer & Perner, 1983)。然而,默里(2014, p. 35)称这一观点正在发生改变,现在的研究表明,在最初的两年,儿童不仅有能力把握他人经验中的重要元素,而且在这一阶段结束时会有一种直觉,即其他人可能与自己有不同的经验,包括拥有对于世界的"错误信念"。

游戏

在大概 12 个月大的时候,儿童假装游戏能力的发展为进行有趣且有意义的互动提供了许多机会。开始时,儿童假装扮演自己,例如:假装蜷缩起来睡觉;在自己或逼真的玩具身上使用真实生活中的物体表演假装的行为,比如假装从杯子里喝水或用勺子吃东西。接近 18 个月大时,儿童有能力在他人或他物上表演假装的行为,比如:为一个娃娃梳头发或给父母、教师提供一个玩具电话;也有能力在两个不同的人、娃娃或玩具上表演相同的行为,如先用勺子喂他自己吃东西,然后用勺子喂恐龙吃东西。在此阶段,一些儿童有能力用玩具替代真实物体,但是这个玩具必须看起来与"真的"相似,否则儿童没有能力用它假装。

在第二年的时候,儿童的幽默感得到发展,能够愉快地逗弄那些让他有安全感的人。逗弄表明儿童意识到其他人的体验是可以被操控的。儿童递给父母一些东西,比如一个玩具,然后在最后的时刻缩回他的手并藏在背后,这样玩具就不能被"看见"。具有回应性的成人会以非常夸张的震惊和失望的表情做出回应,这给他们双方都带来极大的快乐和欢笑。逗弄的基础是儿童和父母或教师之间的合作,成人"通常以假装震惊的表情发出明确的信号,以表示他们的失望并不是认真的"(Murray,2014,p. 35)。

随着社交和互动技能的提高,婴儿表现出通过欺骗手段将自身经验与他人经验进行联系的意识。例如,当儿童躲避父母或教师时,他们可能是在玩游戏,也可能是想做或者想要那些成人可能并不想他们做或要的东西。默里(2014)提到,父母通常会说到儿童的一个技巧,即当企图获得他不应该拥有的东西时,他会分散父母的注意力。他们通常采取这样一种形式:与父母建立眼神接触并积极地持续注视,这样父母就不会看到此刻他的手在做些什么。这些策略反映出相当复杂的社会理解力,因为它们涉及儿童有意地操控其他人对自己行为的看法。

教师回应18—24个月大儿童的方式

» 快速且可预测地回应学步儿的沟通尝试,比如,"你在指着冰箱,喝果汁的时间到了吗?""毯毯?我去找找你的毯子。"(Gable,2010)

» 继续拓展和强化学步儿使用一两个词语所进行的沟通,并围绕他们的词语组成句子,比如,"热,是的,汤很热,它被放在炉子上""泡泡,对,你的浴缸里有很多泡泡,它们让你的腿消失啦!"。

» 每次稍做指导,并在过渡到下一个活动之前进行提醒,比如,"我们马上去商店""好,到时间准备去商店啦""去衣柜里拿你的外套""噢!很棒,你穿上外套啦,我们去商店"。

» 命名学步儿的情绪，比如，"当你摔倒受伤时，你感到难过""和佩帕（狗）一起玩让你感到高兴，对吗？"。

» 充分利用日常生活，并在生活常规中按照事情发生的顺序与学步儿说话，比如，"首先我们在充气水池里放一些水""现在你需要把衣服脱掉""进去水池，我会用水泼你"。

» 加入学步儿的假装游戏，听从他们的领导，让他们控制游戏，比如，"哦，你正推婴儿车去商店，你能帮我带一些鸡蛋吗？""卡车来了，它把汽车拖到车库"。

» 哼唱需要用身体部位配合的歌曲或童谣，因为儿童现在可以说出6~8个自己的身体部位。

总　　结

与婴儿和学步儿互动依赖教师（或父母）对儿童手势、面部表情和萌发中的语言的含义及意图的熟练、敏感的解读。互动的质量取决于婴儿在很早的时候形成的依恋，当他们求助于父母时，期待父母满足他们的最基本需求。如果婴儿发现父母不回应或者不可靠，那么所有未来的互动将建立在不确定性和不安全感之上，这可能导致他们难以与其他教师、儿童建立关系。

婴儿和学步儿在说话和语言方面建立优势的能力取决于父母和教师对他们发起的沟通和情感反应的语言回应。婴幼儿教师要把他们视为有效的沟通者，持续不断地以热情、敏感的方式与他们互动。

◯ 互动还是干扰？

　　接下来的每一章关于婴儿和学步儿的具体观点都有单独的部分阐述，反映出他们作为非言语沟通者的特殊需求。然而，重要的是要明白，在牛津郡项目中，高效的婴幼儿教师的特质和其他所有年龄段的有效教师的特质是一致的（见第10章）。

 自我反思

1. 我是否把婴儿和学步儿视为高效的沟通者？
2. 我有没有花时间解读婴儿的信号？
3. 我有没有和婴儿轮流对话，从而让他们学会用语言沟通？
4. 我是否理解自己在儿童说话、语言和沟通的发展中作为教育者的角色？

第 3 章

了解儿童

"了解儿童为高质量互动提供了一个更高的起点。"

从第 1 章和第 2 章中已经了解到,当儿童尝试发起言语性的或非言语性的互动时,体贴而敏感的教师的回应是至关重要的。一项评估英国早期教育有效性的调查报告(DfES,2002b)显示,教师越了解儿童,提供的支持就越符合儿童的需要,儿童之后的学习和发展也会越有效。早期教育工作者需要了解每个儿童在认知、文化和社交方面的观点,用斯特雷梅尔(Stremmel)的话说,是为了在儿童已有的水平和能够达到的水平之间"架起一座桥梁"(1993,quoted in DfES,2002b,p. 47)。罗格夫(Rogoff,1990)在描述教师与儿童互动中所发挥的作用时,也使用了相同的比喻。她认为,教师要"引导式参与",积极地在儿童所知道的和要学习的新信息之间架起桥梁。

学习在很大程度上意味着将新的情境纳入儿童已经知道、理解和能够做的事情中。教师对儿童,特别是作为学习者的儿童了解得越多,他们就越能有效地帮助儿童在已有经验和新经验之间建立联系。对儿童的了解使教师能够在正确的时间以正确的方式发起或回应互动,就像找到串联起对话的合适"挂钩"。本章将探索教师为什么要充分了解儿童,以及如何充分了解儿童,如何以积极和建设性的方式与他们互动,以及把儿童"放在心上"对儿童产生的影响(Winnicott,1960;见第2章)。

聚焦于婴儿和学步儿

婴幼儿教师通常每天都和儿童在一起度过很长的时间,因此有机会很好地了解儿童。在家庭托儿所或日托机构工作的教师可能从一大早到晚上家长回来前都要做婴儿的主要看护人。教师越了解婴儿,就越可能读懂他们想要表达的内容。细心的教师会慢慢变得善于区分儿童的哭声或手势所代表的特定需求。曼宁-莫顿(Manning-Morton,1994)提醒我们,虽然婴儿的哭闹令人感到紧张,但这种不适也同时让我们行动起来,而这正是婴儿所需要的。

婴儿能用很多不同的方式向教师表达饥饿、不适或者孤单的感受,不过哭泣仍然是他们表达需求的主要方式。而且正如第2章所说,重要的是婴儿很快就能意识到他们能够从教师那里得到安慰(O'Connor,2013)。罗宾逊(2008)指出,这并不意味着一点小延误是有害的,重要的是婴儿需要学会坚定地相信:会有人来到他的身边,焦虑和痛苦也会随之消失。婴儿不仅通过哭泣,而且通过发出的声音和动作来传递信息。他们可能挥舞手臂,或发出愉快的声音。他们通过盯着教师的脸、用眼睛寻找、微笑、咿咿呀呀、伸出小手、大笑大叫来表达对交流的兴趣(Manning-Morton,1994)。

研究表明,这类互动通常发生在婴儿与他们认识的人之间,因为这个时候婴儿最容易平静和放松。当一个婴儿放松下来时,他就处于最好的状态来接受和利用教师提供的照顾和学习机会。当和陌生人在一起,或者当他们想要停止互动时,婴儿会通过转移视线、转头、做鬼脸、发出抱怨的声音、用胳膊和腿推开教师来表达不满（Manning-Morton & Thorp，2001）。通过多种多样的方式，婴儿将教师吸引到他们的双向互动中（Sure Start，2002）。

熟悉婴儿的教师可以识别婴儿所发出的不同信号，并且更容易做出适当的回应。教师不一定总能知道要做什么，但要回应婴儿，表达对他们的理解并且给予他们所需的关注。当教师不能持续地陪伴婴儿时，想要很好地了解婴儿以及他们的需求就变得越加困难。在牛津郡成人－儿童互动研究项目中，有的教师从早上 8:30 到晚上 6:00 一直与婴儿在一起。而有的早期教育机构中，父母只是偶尔才把儿童送过来，感到焦虑和困惑的婴儿被要求在很短的时间内与教师建立关系。在不了解婴儿的情况下，教师只能试探性地和婴儿互动，这样很难建立持续的互动关系。

教师需要了解儿童的哪些信息

儿童的家庭背景和经历

如果一个儿童相信，别人不仅关心他，而且关心他的家庭和他的过去，他就更有可能觉得自己很重要。当其他人对儿童表现出兴趣时，儿童也会开始获得同理心，学会对别人感兴趣。设想，如果没有人对你感兴趣，你为什么对别人感兴趣呢？

> 儿童是家庭和社区中的一员。他们带着不同的过去向我们走来，他们拥有独特的经历、对事物的理解以及包含其中的情感。
> ——瑞吉欧·艾米利亚（Reggio Emilia）

许多儿童的生活经历和教师自身的经历有很大的差异，所以非常重要的是，教师在理解儿童的时候，要把每个儿童看成独立的个体，他们有着各自独特的经历和成长环境，以及父母耳濡目染的影响下形成的独特性格。如果教师只是用自身的标准评判儿童及其家庭，那么原本应该和教师形成亲密关系的儿童反而会被这狭隘的标准拒之门外，感到自己格格不入或受到孤立。如果教师在设定对儿童的期望时，没有把家庭环境或儿童的日常生活因素考虑在内，那么能够有效拉近教师与儿童之间的关系，使教师和儿童轻松自然地互动的细节将不再触手可及。

> 脆弱的儿童通常更关注自我保护，而不是学习。

通过表现出对儿童及其家庭的兴趣，增进对两者的了解，教师可以更好地掌握他们对什么敏感，何种情况容易给他们带来压力，以及家庭成员间的关系状态如何等信息。英国的课堂中有个常见的现象：如果儿童在家里没有什么交流经验，他们就很难对问题做出回答或者在讨论中提出自己的观点。当疲劳、营养不良或带有压力的儿童到达早期教育机构时，他们不会做好学习的准备，而更有可能关注于自我保护。

想要更好地了解儿童，意味着教师需要花时间了解是什么影响了儿童的性格、兴趣、对早期教育机构的态度，以及他们与人相处的能力。这个过程需要时间、精力以及教师全身心的投入，由衷地站在儿童的立场上，尝试理解为什么对某个儿童来说，专注、坚持和努力学习会是一个挑战。

儿童的文化和社区背景

在许多英国的早期教育机构中，儿童来自不同的社区和多元的文化背景。值得重申一次的是，如果这些文化背景与教师自身的文化背景不相似，那么它们很可能不为教师所熟悉。如果教师想更好地了解儿童，他们就需要尽可能多地了解儿童的文化背景以及生活和成长的社区环境。

文化影响着日常生活的方方面面。吃什么，穿什么，受什么规则约束以及崇拜什么，这些都是由我们自身的文化和日常生活的社区所决定的。

有些家庭相对孤僻,他们和生活在同一条街道上的人不过是点头之交,而离他们最近的亲属则住在遥远的地方。有的家庭所处的环境则相对不同,社区就像一个大家庭,其中的成员都或多或少地参与对儿童的抚养,也共同承担着维护彼此利益的责任。这些不同的社区经验,通过家庭、兴趣爱好、社交圈子等影响着儿童在早期教育机构和学校这样的情境中的社交方式,并决定儿童如何与教师和同龄人进行交往。

正如布鲁克所描述的,家庭环境构成了一种"学习文化",这种学习文化由每个家庭中所盛行的生活方式和意义体系构成(Brooker,2002,p.1)。要了解儿童对学校的学习文化的反应,教师首先需要了解家庭的学习文化:父母对学校教育的态度是什么?他们是否有矛盾的情绪?他们是否热情,但同时又相对保守?他们是否过度紧张和感到压力?……儿童在家里所经历过的一切都会以某种方式在课堂中表现出来,因此,为了更好地理解儿童,教师需要了解家庭所带来的影响。

教师还需要明白,除非他们了解并尊重不同文化带来的影响,否则对父母的教养方式和他们对儿童的期望做出任何判断都会显得过于草率。父母根据自己的文化规则抚养儿童,但如果这些规则与早期教育机构的文化相冲突,它们只可能变为不利因素,因为这可能会导致与学校完全不同的期望、语言方式和行为习惯。罗格夫(2003,p.11)说:"文化围绕着我们,其中那些微妙的、心照不宣的、习以为常的事件和行为需要我们打开自己的双眼、双耳和心灵来观察及体悟。"早期教育工作者的任务是增进对他们所不熟悉的文化和社区背景的了解。通过这种方式,教师将逐渐理解和尊重差异,并了解构成教育环境的文化和社区的多样性所带来的优势。

儿童的已有经验和知识

了解儿童,意味着了解他们以前的经验,这些经验塑造了他们作为学习者的形象，影响了他们的知识和理解能力。梅多斯（Meadows，1993，p. 70）写道："没有起点、把起点设得过高或者设置的起点会导致错误的努力方向，这些都会阻碍儿童的学习。"

儿童刚来早期教育机构时，他们已有的经验通常就是他们在家的经验，尽管也有其他经验。作为教师，知道每个儿童的已有经验会对他们的学习态度和能力产生影响，将更容易设置最有效的学习起点，并在儿童在家已经学到的东西和在机构计划要学的内容之间建立紧密的联系。

家访可以帮助教师了解家长对学习的真实态度、他们如何重视家庭时间、如何利用家庭时间等。布朗芬布伦纳（Bronfenbrenner，1979）将个体和环境描述为相互作用的系统，每个系统都对另一个系统的变化做出反应。他的人类发展生态系统模型描述了个人如何影响所处的环境，而环境又如何影响个人，这种影响要求两者之间的相互适应。所以，每个儿童都会影响其环境——父母、兄弟姐妹、个人经历……同时，环境中的要素又会反过来影响每个儿童。这就是为什么了解儿童的已有经验和知识能给教师提供重要的信息，从而帮助他们回应和支持儿童的学习，并且为儿童下一阶段的学习做出适当而有意义的计划。

教师无法直接获得儿童的某些经验，这些经验是儿童已经拥有并且将持续影响他们的经验，比如儿童在来早期教育机构前的经验，或者他们在周末、晚上和节假日所获得的经验。教师与父母和其他照料者的关系越密切，就越能了解到儿童在早期教育机构以外的世界，以及这些对他们将在早期教育机构获得的经验来说，会起促进作用还是阻碍作用。这种关系是建立在信任的基础上的。儿童在早期教育机构中获得的幸福感和教育质量与家长所谈论的儿童在机构外的生活内容有关，家长越能意识到这一点，就越可能坦诚地和教师交流家庭状况和家庭经历。通常情况下，对这类谈话有抵触情绪的家长是因为感到自己被评判了。通过了解儿童的家庭、他们所处的文化和社区，敏感的教师更有可能发出这样的信号：所有的儿童及其家人都受到欢迎和尊重。

与家庭和儿童的密切关系也意味着，教师往往是家庭生活私密信息的亲密共享者。再重申一次，教师要对这些信息保持敏感和尊重，并且不要以任何方式滥用这些信息。了解家庭生活，了解儿童的宠物或家庭成员的名字，了解儿童在业余时间做了什么，了解全家人去哪里购物，都意味着教师了解了家庭生活的各种细节，有时父母会惊讶地发现教师竟然对这些细节了如指掌！这些私密的细节为教师提供了宝贵的教学起点，大多数儿童喜欢谈论自己和他们的家庭。一旦谈话集中在儿童身上，如果教师同时能够敏锐地跟随儿童的思路，那么谈话往往会更加深入。

创造与儿童共享的经验是教师的责任。教师无法复制儿童的家庭经验，但随着在早期教育机构中与儿童日复一日

> 在家中，父母的回应依儿童的能力而定。

地互动，体贴、敏感的教师有许多机会和儿童共同创造、分享与反思当前以及过去的经验。弗卢伊特（Flewitt，2005）通过人种学的案例研究法，追踪调查了四名3岁儿童在家中和游戏小组中的表现。他发现，很多持续时间较长的家庭互动都涉及过去共同的经历（和第1章中威尔斯的研究结果相似）。母亲和儿童会共同重建这段经历，母亲作为推动者，通过提醒儿童过去发生的事、提供词汇、理解儿童的说话特点来鼓励儿童不断表达。与在家相比，儿童在游戏小组的活动中很少说话，部分原因是他们不再能获得可共享的家庭经验的支持。尽管与在家庭那种更亲密的环境中相比，在游戏小组里与一群儿童分享重要的时刻和理解彼此明显更具挑战性，但教师仍然需要认识到与每个儿童建立学习经历，并将自己视为他们持续的学习故事中的一部分的重要性。

互动还是干扰？

关键人方法的重要性

如果想让教师很好地了解儿童，那么没有比给儿童安排"关键人"更合适的方法了。2008 年，英国的早期教育机构引入了关键人方法。英国《早期基础阶段实施纲要》（Statutory Framework for the Early Years Foundation Stage，DfES，2008a）规定，必须为每个儿童指派一名固定的工作人员来支持他们的发展并作为与其父母联络的关键点。虽然 2008 年发布的纲要中的"实践指导手卡"（Practice Guidance Cards）被停用，但它仍然提醒着教师，与儿童及其家人相互了解的特定人物存在的重要性。表 3.1 展示了在早期教育机构中设置关键人背后的基本原则。

表 3.1 "实践指导手卡" 2.4：关键人

安全型依恋
- 关键人将帮助儿童熟悉环境，使他们在其中感到自信或安全。
- 关键人与儿童建立真正的联系，并形成稳定、亲密的关系。
- 当儿童以这种方式感到快乐和安全时，他们就有信心探索和尝试新事物。

共同照料
- 关键人能满足他所照料的每个儿童的需要，并对他们的感受、想法和行为敏感地做出反应。
- 关键人与父母交流，从而确保每个家庭都能适宜地照顾儿童。

独立
- 儿童能够依靠教师来获得肯定和安慰，从而变得独立。
- 当儿童与家人一起在家中，或与朋友和熟悉的教师（如关键人）在一起时会更自信大方，他们的独立性也表现得最为明显。
- 当儿童处于新环境中，如新的群体，或者感到不适或焦虑时，他们的独立性可能会大大降低。

——《早期基础阶段实施纲要》（DfES，2008a）

关键人方法源自埃尔弗等人（Elfer et al.，2012；Selleck，2006）的研究，他们关注幼儿，特别是婴儿的"持续性照料"。他们认为，婴幼儿只有在熟悉的教师的持续性照料下才能茁壮成长，并且主张由"某人"而不是"每个人"来照顾这些年幼的儿童。虽然由一名能充当母亲形象的教师照料并不是人类健康发展的先决条件，但研究清楚地表明，在对其需求表现出敏感性和回应性的教师的持续性照料下，儿童能够茁壮成长（McGurk et al.，1993）。埃尔弗等人（2012，p.5）建议，有些父母在家中表现出的关键特征应该被复制到早期教育机构中，包括"非常了解儿童，在与儿童的互动中表现出自发性、即时性和愉悦性，以及参与一段紧张的关系但不会感到不知所措"。

当被赋予作为关键人的巨大责任时，教师就有可能获得有关儿童的信息——家庭、文化和社区。如本章前文所说，这些信息对于有效支持儿童的学习至关重要。牛津郡成人－儿童互动研究项目反复表明，当儿童和敏感的教师一对一交谈时，他们之间的谈话最为有效，而且这位教师往往是儿童的关键人。这与多萝西·塞莱克（Dorothy Selleck）于2005—2008年在牛津郡开展的另一个小规模项目的研究结果相吻合，该项目研究了关键人在一系列早期教育机构中的作用。参与项目的儿童传递给研究者一个明确的信息，即与不熟悉的教师交流相比，他们与关键人的互动会显得更加合拍，且这种互动更可能给他们带来积极的结果。英国牛津郡议会（Oxfordshire County Council，OCC，2006）发表过一些儿童说过的令人心酸的话语，说明教师和他们所照顾的每个儿童间亲密交流的重要性：

- "请真的和我说话，不要太忙，留下来和我一起玩，了解我和我的朋友吧。"
- "在早期教育机构中，我需要一个关键人，他会靠近我，听我说话，理解我，让我感到安全和被接纳。"
- "你需要了解我感兴趣的东西和我正在做的'项目'。请不要在我忙碌的时候打断我。请向我提供材料或关注，这对我的图式发展有帮助。"
- "我有很多和你沟通的方式，请听一听、看一看我是怎么做的。"

[以上信息摘自《你在听我说吗：牛津郡婴儿为自己发声》(*Are You Listening to Me: Oxfordshire babies speak up for themselves*，OCC，2006)]

了解儿童所产生的影响

牛津郡成人-儿童互动研究项目中的录像反复表明，不论互动有没有持续，互动的质量都取决于儿童是否放松。儿童不放松通常是因为教师也没有放松。参与项目的教师通过对录像的讨论和分析获得了一些有趣的发现，即了解儿童的程度对儿童和教师双方在互动过程中的放松程度的影响。

儿童最放松的时刻

和熟悉的教师在一起时

根据美国心理学家契克森米哈赖（Csikszentmihalyi，1990；Nakamura & Csikszentmihalyi，2002）的理论，"'心流'是一种状态，在这种状态下，人们对一项活动十分投入，以至于其他的一切似乎都无关紧要；体验本身如此令人愉快，以至于人们单纯为了做这件事而深陷其中"。熟知教师意味着儿童和教师的关系建立在信任和肯定的基础上，儿童有信心将自己的想法和感受告诉教师，而不必担心被蔑视或否定。对话之所以流畅，是因为它们是自然且真实的，也因为双方都参与其中并在交流中找到乐趣。牛津郡项目的录像显示，当一名儿童很了解一位教师时，他们都对彼此的陪伴感到舒适，在情感和身体上会很亲密。

第3章 了解儿童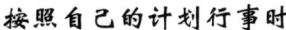

按照自己的计划行事时

项目录像显示,当教师感到匆忙——仓促地给儿童更换尿片或是想要主导活动的进程时,就算是小婴儿也会敏感地注意到教师的这种情绪,并且被这种情绪感染。不论是什么年龄阶段的儿童,当他们能够按照自己的计划行事而不是按照教师的计划行事时才会最放松。在这种情况下,儿童知道活动的进程和结果都在自己的掌控范围,因此他们没有迎合他人期望的压力。当一段谈话源自儿童自己选择去做或者考虑的事情时,谈话才会对儿童来说有意义,与儿童息息相关。

自己主动发起谈话,而不是被动回应教师时

有时,当儿童在玩耍、实验、调查时,他们太全神贯注,以至于觉得没有交谈的必要。布鲁纳(1980,p. 63)在报告他关于"英国5岁以下儿童"的著名研究时说:"当一名儿童认真思考他的游戏时,他不会谈论它,而是会做它。"当儿童既不想要也不需要对话时,一些教师如果不断地努力开始对话,就会打扰儿童,使他们感到紧张。当一段对话由活动自然产生,比如儿童想发表评论或询问问题,那么教师就能自然地融入儿童的思考过程,他们的回答将有助于儿童的理解。当教师强迫儿童干这干那,突兀地提问,再三确认儿童是否知道某事,以自己的目的强行引导儿童的思维方向时,往往会得不到儿童的任何回应。回答教师源源不断的问题会打断儿童的思路,分散儿童的注意力,对话也会因此中止(见第9章)。

教师最放松的时刻

不需要遵从教师主导的计划行事时

在牛津郡项目中,几乎每位教师都会时不时地谈到由于不得不做"某些事",而不能把注意力集中在儿童和谈话上,以及由此产生的烦躁情绪。对婴儿教师来说,"某些事"是指换尿布、喂饭和轮班。对小学二年级的教师来说,"某些事"是由教师主导的教学、评估和标准评估测试(Standard Assessment Test,SAT,6—7岁儿童的国家评估)。近年来,大家对教学成果的重视程度越来越高(无论是福利要求还是教育目标),这给所有早期教育工作者带来了紧张的情绪,因为他们需要实现由成人而不是儿童设定的目标。教师心中若有了一个目标,就很难给儿童的目标留有空间,牛津郡的录像材料中有许多例子表明,教师的目标和儿童的目标是冲突的。

在没有被其他儿童打断的情况下

在项目拍摄的大多数录像中,教师和某个儿童之间的对话常常被其他儿童打断。早期教育机构繁忙的现实生活意味着,教师很少有机会单独与某个儿童交谈,同时没有其他儿童出现并且想引起教师的注意。录像显示,如果打断对话的儿童被忽视了,那么他就会更加坚持打断别人!所以很明显,忽略打断是不可能的。如果教师转而开始与打断对话的儿童互动,那么原本在和教师对话的儿童就会觉得厌烦,并且在许多情况下会转身离开。即使他留了下来,谈话稍后又重新开始了,那么很明显,最初互动的顺畅性也难以持续。在某些情况下,教师重启的谈话与他们被打断之前的谈话内容毫无关联;有时儿童的思维已经转移,他们开始了不同的谈话内容,以重新赢得教师的注意。这意味着,更重视与打断者的交流也不是一个好的选择。

通过以上讨论,处理打断最有效的方法似乎是认可打断者的需要,但同时让他们知道,要等目前进行的互动结束时,他们才会得到关注:

"好的,萨姆……我和玛拉结束后会来看看的。"

"1分钟后我会来的,吉蒂。我正在和贝桑一起读书,我也会和你一起的。"

这样的认可会让打断者感到满意,但同时又不会让参与最初互动的儿童和教师失去对话的流畅性和思路。参与项目的教师认为,整个学校或机构有一个有关打断的规则是很重要的，这样所有儿童都能明白，他们有时不得不等待一会儿，直到轮到他们。教师还说，必须记得回到打断他们的儿童身边，以证明他们是信守诺言的。

不必"说说说"时

近年来，英国教育系统对教师越来越关注。为了提高教学质量的相关标准，对教师进行定义和重新定义显得相当合理，正如第 9 章所述，这导致教师对儿童学习干预的提高。

> 当教师和儿童都处于放松的状态时，谈话才会自然进行。

然而，参与牛津郡项目的教师经常说，当他们问儿童问题或发表评论时，常常会对儿童的学习产生负面影响，至多是中性的影响。儿童更倾向于沉默，而不是敞开心扉和教师交谈。作为研究的一部分，我们试验了一个方法——"在儿童和你说话前，不要说话"。当然，这个方法不适用于教师主导的情况（见第 6 章），但在儿童主导的情况下，绝大多数结果是积极的。当教师专注且安静地坐着，等待对话的到来（而不是主动或强迫儿童进行对话）时，互动将更丰富、更持久。因为它是从儿童的思维或他们正在建立的联系开始的，而不是教师预设的或希望他们所想的。由于教师的角色变成了回应者而不是主动的发起者，对话对儿童来说更有意义和关联性，对话更真实、更自然。讽刺的是，安于沉默的教师实际上促进了高质量、更持久的对话的产生。

和某个人对话而不是和所有人对话

牛津郡的研究材料揭示了有效互动的有趣特点之一，即为了实现高质量的互动，教师需要与某个人交谈，而不是与所有人交谈。罗贾斯-德拉蒙特及其同事（Rojas-Drummond et al., 2013, p. 14）将此描述为"拓展"而不是"轮换"。这样的策略似乎与早期教育中的平等原则相冲突。平等原则强调教师询问每名儿童的想法，鼓励他们参与对话。然而，牛津郡的研究非常清楚地表明，最深刻和最有意义的互动，即儿童的思维最经常受到挑战和拓展的互动，发生在一位教师和一名儿童之间，排斥其他人的参与。

这与一项颇有影响力的政府资助项目"早期教育有效性研究"的研究结果相吻合，该项目报告说："持续性共享思维在 1∶1 或 1∶2 的情况下最为成功。"研究人员接着说，"比起在一个更大的群体中，当一名儿童和一位教师在一起或者与另一名儿童在一起（有或没有教师在场）时，他更可能经历比在集体活动中更多的挑战"（DfES，2002b，p. 60）。持续性共享思维是研究人员用来描述师幼互动的术语，根据"早期教育有效性研究"项目的定义，在机构中这种互动能带来最有效的早期教育。最近，希拉杰及其同事（2015）进一步说明了持续性共享思维的概念，因为他们担心有人会认为"长时间的互动或交谈是一种必要条件"。"我注意到，在培训中经常有人问我一个问题：一位教师和一名儿童之间要进行多少次交流才能'维持'这种互动？"希拉杰及其同事在他们的新出版物中解释说，互动的次数不是持续性共享思维的重点，现在他们将教师参与的重点放在"对思考的贡献"上，当然，这种贡献可多可少。他们还提到，这可能包括"退后"，让儿童自己"自由探索，熟悉材料，解决问题，独立思考"（2015，p. 7）。

当不止一名儿童参与其中时，有效促进儿童的思考仍然是一个挑战。教师很难在试图协调其他儿童的同时，追随某个儿童独特而复杂的思维方式。当教师尝试这样做时，互动将不可避免地维持在表面而无法深入。当然，当儿童拥有更成熟的社交能力时，小组对话确实有价值，有助于鼓励儿童倾听他人的想法，在别人的基础上提出自己的观点，并受到别人观点的启发。然而，如果持续性共享思维依赖的是共建，那么与身处小组中相比，两个人分享彼此的想法和观点的互动形式将自然而然地带

第 3 章　了解儿童

来更高质量的谈话。与某个人交谈,而不是与每个人交谈,可以让教师追随儿童曲折的思维过程,并及时以关联的、适宜的方式做出回应。

• • • • • • • • **分析你的实践** • • • • • • • •

在牛津郡成人－儿童互动研究项目结束时,项目团队给出了一系列提示,以支持教师对自己的实践(以及其他人的实践)进行分析。关于本章"了解儿童"的提示如下。

教师了解儿童时的互动特点

» 儿童和教师在彼此的陪伴下都感到放松。
» 儿童和教师在彼此的空间里都很快乐。
» 儿童和教师能够享受沉默安静的时光。
» 对话与共同经验及对彼此的了解有关。
» 对话轻松、真诚、自然。
» 对话经常出现有趣的转折。

教师不了解儿童时的互动特点

» 儿童和教师经常看起来不舒服。
» 儿童和教师不希望他们的个人空间被侵犯。
» 儿童经常环顾四周而不是看教师。
» 教师需要花费相当长的时间寻找一种听懂儿童的方法。
» 教师和儿童常常会误解对方,尤其是教师会误解儿童正在做或思考的事情。
» 教师会过多地询问儿童以获取回应,而不是进行自然的双向对话。

转录：了解儿童

转录有关儿童学习的录像片段并不容易。教师和儿童之间发生的很多事情都是视觉上的，而不是语言上的。我们将在后面的章节中看到，它们在很大程度上取决于肢体语言、语调和手势。然而，有一些转录内容确实有效地说明了每一章的观点，下面的两段转录[1]清楚地说明了教师了解儿童和不了解儿童时的互动差异。

 转录 3.1　安迪、艾丽斯和杰克的火车

艾丽斯 18 个月大，安迪是她的关键人。安迪从艾丽斯 6 个月大起就开始照顾她。艾丽斯的哥哥杰克也曾经在安迪的小组，所以他很熟悉他们的家庭。在这段录像中，安迪跪在艾丽斯旁边，艾丽斯在一个柜子里发现了一辆火车，是她哥哥杰克曾经在婴儿室里玩过的火车。

A：一辆火车。你喜欢火车！你哥哥杰克也有火车，是吗？

C：杰克。

A：没错，杰克！

艾丽斯指着通向大年龄段儿童所在教室的门。

A：杰克在门那边是吗？（他笑了）他确实在那边。（艾丽斯用火车轻拍他的头）噢！（艾丽斯笑了）噢！在我头上。

C：是的。（艾丽斯把火车放在柜子顶上，安迪看着，然后她转向他，咧嘴一笑，把火车放在自己的头上）

A：在你头上！（安迪指着火车）詹姆士的火车。

---

[1] 本书所有转录中的"A"代表成人（Adult），不仅指教师，也包括父母、其他照料者等；"C"代表儿童（Child）。——译者注

C：杰克。

A：杰克。杰克在哪儿？（艾丽斯转过身，把火车放进柜子里，然后"砰"的一声关上柜门）噢！（艾丽斯笑了，安迪也笑了）噢！

C：（艾丽斯指着柜子的顶部）火车。

A：火车。我们把火车停到顶上好吗？（他这样做了，艾丽斯把它捡起来）在上面。

C：杰克。（指着通往大年龄段儿童所在教室的门）

A：杰克。我想他在大儿童的教室里，他在那里玩火车呢。（安迪从跪姿换成坐姿）

C：爸爸。

A：爸爸在上班。

C：妈妈。

A：妈妈在上班。艾丽斯在哪儿？（她没有回答，而是转过身去；他轻拍她的肩膀）这是艾丽斯。艾丽斯像杰克一样在托儿所里呢。

C：火车。

分析

教师和儿童在彼此的陪伴下都感到放松自在，这一点从他们的肢体语言中可以看出。这表明他们非常亲密，艾丽斯乐于"侵犯"安迪的私人空间，安迪也乐意让她这样做。即使她用火车轻拍他的头，用柜门发出"砰"的一声巨响，他的语调始终是温暖而轻松的。当安迪从跪姿改为坐姿时，他让艾丽斯知道，只要互动在持续，他就会在她的身边，并且给她全部的注意力。因为他很了解她，所以他理解她的手势（尤其是指向某个方向），也能把她说的词，如"火车""爸爸""妈妈"及其背后所指意思联系起来。他不断肯定她在托儿所的位置，同时肯定她与家庭的联系。他对这个家庭非常了解，所以可以让她很安心，比如爸爸妈妈在工

互动还是干扰？

作，而杰克哥哥就在大儿童的教室里。他还肯定杰克和她很亲近（在身体和感情上），比如，"你喜欢火车！你哥哥杰克也有火车，是吗""他在大儿童所在的教室里，他在那里玩火车呢""艾丽斯像杰克一样在托儿所里呢"。安迪提出的几乎所有问题都是在明确艾丽斯所说的话，但有两个需要回答的直接提问被忽略了："杰克在哪儿？"（艾丽斯转过身，把火车放进柜子里）"艾丽斯在哪儿？"（她没有回答，而是转过身去）艾丽斯在探索和思考时，有好几段沉默的时间。安迪并没有试图填满这些时间，在大多数情况下，他安静地等待着艾丽斯重新发起交谈。

如果用牛津郡项目中提出的在评估互动时用到"关键问题"（见第1章），我们现在可以提问：儿童从互动中获得了通过其他方式可能无法获得的积极经验吗？

儿童获得了什么

1. 这位教师喜欢我。
2. 这位教师对我说的话和我的想法很感兴趣。
3. 这位教师会仔细听我说话并且跟上我的思路。
4. 这位教师和我玩得很开心并且享受和我在一起。
5. 这位教师了解我的家庭，并且记得关于我还有我生活中的重要事情。
6. 这位教师随时准备帮助我学习。

提示：阅读下面几章的转录后，你可能会问自己：儿童从互动中获得了什么？（包括积极的经验和消极的经验）

现在，我们来讨论一段对彼此都不太了解的教师和儿童之间的互动。吉蒂负责照护3—4岁的儿童，但今天她要照护更小的孩子，因为人手不足。教师把材料（蜡烛、卡片、彩泥等）放在一张桌子上，以组织关于生日主题的活动。吉蒂坐在埃莉（19个月大）的旁边，埃莉一只手玩着彩泥，另一只手拿着她的玩具老鼠。

 转录3.2　吉蒂、埃莉和生日蛋糕

A：埃莉，埃莉，我要做个生日蛋糕。（埃莉把一根蜡烛插到吉蒂正在玩的彩泥里）哦！你给我的生日蛋糕准备了蜡烛。（埃莉把蜡烛插到了她自己的彩泥里）哦！谢谢你，它真可爱，对吧？是为他准备的吗？（摸着埃莉的玩具老鼠）这是为谁做的生日蛋糕？

C：你。

A：是吗？你想要唱什么？（埃莉没有回应）让我们一起唱生日快乐歌？（吉蒂唱着）祝你生日快乐，祝你生日快乐，祝你生日快乐，亲爱的……谁？

C：老鼠。

A：（吉蒂继续唱着歌）亲爱的老鼠先生，祝你生日快乐（埃莉看向另一个儿童）。埃莉，埃莉，（埃莉转过头来）我们可以吹蜡烛了吗？我们可以吹蜡烛了吗？（她把蛋糕递向埃莉）

C：用我的手吗？

A：你来。（埃莉用手指把蜡烛"熄灭"，然后捡起另一根蜡烛插到蛋糕上）两根蜡烛。（转向另一个儿童）你给我准备了一张贺卡吗？谢谢你，萨拉。（她把贺卡给埃莉看）埃莉，你喜欢这张贺卡吗？（埃莉点点头，吉蒂把贺卡放在桌子上，埃莉继续把蜡烛插到蛋糕上）你在蛋糕上插了好多蜡烛，我的天哪……许许多多。你很仔细地把它们插上去了，你真

互动还是干扰？

棒，它们看起来真可爱，是不是？再来一根。哇！

C：妈妈什么时候来？

A：这是……这是给你妈妈准备的吗？（埃莉低下头但还是点了点头）这是给你妈妈的吗？

C：这是给老鼠准备的。

A：这是给老鼠准备的呀，他看起来很高兴呢。（埃莉把老鼠移到蛋糕前，这样他可以咬一点蛋糕）是老鼠的生日吗？他多大了？

C：吹吧。

A：你说什么，亲爱的？

C：吹吧。

A：吹吧？老鼠会吹蜡烛吗？让我们一起和他吹蜡烛吧，好吗？（吉蒂想把老鼠放到蛋糕前，但是埃莉把他举起来，放到身后）

分析

埃莉和教师之间并不熟悉。当吉蒂坐在桌子旁时，她开始谈论已经计划好的活动，而不是关注儿童实际在做什么。教师考虑的是"生日"，而埃莉一开始在探索彩泥，对生日不感兴趣。这种情况下，教师的紧张导致了许多事情的发生。首先，她用问题来填补令人不安的沉默。大多数问题都是封闭性的，至少儿童对回答这些问题不感兴趣。当儿童说话的时候，教师没有充分地倾听来做出适当的回应。当儿童第一次说玩具的名字是"老鼠"时，老师就给"老鼠先生"唱生日快乐歌。然后，当埃莉问妈妈什么时候来时，教师故意听错了，并且把儿童的问题变成了她自己的问题——"这是给你妈妈准备的吗？"，从而转移儿童对这个她回答起来很不自在的问题的注意力。教师提出问题，然后自己回答。她从另一个儿童手中接过生日卡片，然后把它交给埃莉，因此她似乎不重视与第二个儿童的互动。由于教师在这种情况下的紧张情绪，埃莉也同样表明了自己是不放松的。她经常不理教师，不回答她的问题，用关于她妈妈的问题打断交流，最后把玩具从教师手里拿走。

儿童获得了什么

1. 这位教师不了解我，也不了解我的生活。
2. 这位教师打断我在尝试做的事情。
3. 这位教师没完没了地问我问题。
4. 这位教师没有仔细倾听我的回答。
5. 这位教师好像很紧张，并且没有享受我的陪伴。
6. 这位教师对她自己的想法更感兴趣，而不是我的想法。

提示：阅读下面几章的转录后，你可能会问自己：儿童从互动中获得了什么？（包括积极的经验和消极的经验）

可以看出，儿童几乎总会从互动中有所获得，但也可能不是什么积极的经验，与不熟悉的教师或对陌生儿童不敏感的教师互动，会导致不受欢迎的"经验"，如果持续下去，对话和互动将越来越难以实现。

总　　结

了解儿童能让教师在正确的时间以正确的方式用正确的话语做出回应。但了解一个儿童需要时间和精力，这意味着要与家庭建立牢固的关系，了解家庭所处的社区；也意味着要意识到，儿童不在早期教育机构时的生活将对儿童在机构中的能力产生深远的影响；还意味着要明白，对儿童了解得越多，就越容易找到对话的"枢纽"，连接起对儿童来说有

◇ 互动还是干扰？

意义、有关联的互动。下一章将讨论教师如何创造有利于对话的环境，以及如何营造氛围，使教师和儿童都能充分放松，享受共同的、愉快的和有目的的互动。

 自我反思

1. 我对小组或班上的每个儿童了解得如何？
2. 我和儿童的互动是基于儿童的兴趣和想法吗？
3. 我充分理解"关键人"这个角色在情感、社会性和认知发展方面对儿童的意义吗？
4. 我有没有花时间和"某个儿童"对话，而不是总和"所有儿童"对话？这样做有什么影响？

第4章

有利于对话的环境

"儿童向他们信任的、能够激发他们学习热情的人学习。"

——特雷尔瓦森（2002）

2006年，英国基本技能处委托研究者们探究物理环境如何影响儿童的听说能力。罗斯科斯和纽曼（Roskos & Neuman，2002）提出，物理环境和学习情境中的某些因素会为儿童的语言能力发展提供重要的基础性支持。除了调查结果外，基本技能处还发布了一项"以互动为基础的课堂观察工具"，该工具强调物理环境能够支持儿童语言能力的各个方面的发展，空间的布置和材料的提供对于最大限度地丰富儿童的语言非常重要。同时，研究表明，互动友好型的环境不仅取决于物理环境的质量，还取决于心理环境的质量。本章在分析教师所创设的环境时，将同时探究这两个要素。

> 聚焦于婴儿和学步儿

儿童越小，心理环境的质量就越重要。曼宁－莫顿（1994）谈到，对正在学习与他人交流的婴幼儿来说，最重要的学习资源来自积极回应的、熟悉的教师所提供的稳定而持续的照料。萨莉·托马斯（Sally Thomas，2002）认为，在生命的最初几周和几个月里，教师的面孔是儿童的第一个"宝箱"，教师通过各种表情和动作回应正在努力和他人交流的儿童。如果父母不在场，儿童就需要与早期教育机构中的关键人建立次级依恋关系，关键人将为他们提供稳定而持续的照料。奥康纳（2008）认为，儿童会向某些教师寻求安慰，并依靠他们理解新的情境，但是如果没有这种依恋关系，婴幼儿将无法相信教师的反应。教师需要意识到，婴幼儿对教师的反应是多么敏感。教师的微笑、惊讶、喜悦或温暖的表情，都会得到儿童的回应。教师不赞成或害怕的表情则很可能被儿童记住，即使儿童可能不是真的有这些感受，他们也可能做出这些表情。教师紧张的身体、表情或嗓音都会成为一种信号，表明他们此时很有压力，也许他们缺乏时间、精力和儿童交流，也或许觉得此时和儿童的互动是不愉快的。如果儿童太频繁地感受到这些消极的情绪，他们就会学习把自己的情绪隐藏起来，不再尝试和教师互动，因为他们担心自己会被拒绝。婴幼儿和所有人一样，会受到周围人情绪的影响。恼怒的、暴躁的或不耐烦的教师会影响儿童的情绪，影响他们的信心和幸福感，就像被快乐和放松的人包围时，儿童也会受到影响一样。如果婴儿总是被教师的情绪波动影响，他们就不会觉得和教师在一起有安全感，他们会倾向于退缩，而不是被他们本该依赖的那个人吸引。积极的心理环境需要教师通过稳定的回应方式来建立：每天换尿布、吃饭或散步的时间都可能诱发教师和儿童的紧张情绪，却也可能成为建立联系、分享经验和交流感情的机会。

大多数有利于教师与婴儿、学步儿对话的物理环境包含许多对所有婴幼儿来说具有共性的特征（见下文），当然也有一些特殊的考虑因素。

第4章 有利于对话的环境

» 婴儿可能会被太多的玩具或周围的人过度刺激，因而用哭泣表达自己的感受。如果环境中的噪声水平升高，婴儿和学步儿就会变得暴躁。如果学步儿和大一点的儿童在一间教室里，他们就应该有属于自己的空间，而不需要和那些大一点的儿童争夺地盘、资源或教师的注意力。

» 为婴儿和学步儿准备的环境应该看起来像家一样，有沙发、靠垫、图片和舒适的小角落，而不是那种为3岁及以上儿童准备的更大、更标准化的空间。可以使用织物做成的帘子，例如，可以用这些帘子降低天花板的高度，让睡眠区看上去安全、有吸引力。

心 理 环 境

为儿童打造的心理环境

特雷尔瓦森（2002）写道，儿童生来就有学习的动机，他们不仅"向"别人学习，还直接"在"关系中学习。在教室里，儿童需要的是曼宁－莫顿（1994）提到的由具有回应性、熟悉的教师所提供的稳定而持续的照料。罗斯和罗杰斯（Rose & Rogers，2012）将教师和儿童之间的这种关系称为"同步型互动关系"，他们将这种关系描述为"教师与儿童的需要和兴趣'同步'，敏感地和儿童保持一致"（p. 34）。和儿童保持一致是本书下一章的主题，但关于创设互动友好型的心理环境，关键在于教师与儿童保持同步，从而产生共情，传递他们共同的情感（Stern，1985）。

通常最适合创造这种共同情感的教师是那些作为"关键人"的教师。第3章阐述了关键人对于与儿童及其家庭建立亲密的、信任的关系有重要作用。关键人方法（Elfer et al.，2012）对于营造互动友好型的心理空间有非常重要的作用。"与某个人交谈而不是与所有人交谈"更有可能使儿童感到放松和充满信任感，这两者都必将促进更积极的互动的产生。

随着儿童离开托儿所进入幼儿园，教师所面临的压力越来越大，于是他们中的很多人忽视了早期教育环境中的心理环境的重要性，而倾向于创设一个指向目标和结果的环境。然而，早期基础阶段的三大基本领域之一是要求教师帮助儿童"培养积极的自我意识和他人意识；与他人形成积极的关系并学会尊重他人；发展社交技能并学会管理自己的情绪；对自己的能力抱有信心"（DfE，2012b：para. 1.6）。只有当儿童处于促进这些能力发展的环境中，并且与培养这些能力的教师在一起时，这些个人的、社会的和情感的特性才能得到发展。幼儿阶段的发展特点意味着只有非常了解儿童的教师才能满足他们的情感、社会、认知和生理需求，教师需要每天都在儿童身边，陪伴他们走过每一个发展里程碑，并且始终与他们的个人需求保持同步。

为家长和其他照料者创设的心理环境

感到放松和被信任，这一点不仅对儿童，而且对他们的父母和其他照料者来说也同样重要。关键人方法对儿童很重要，对其父母和其他照料者来说也是如此。奥康纳指出，父母需要感受到，"教师不仅关心他们的孩子，也关心他们，关心他们和孩子分开时的感受，以及他们所希望孩子在机构中获得的经验"（2014，p. 44）。埃尔弗等人（2012）认为关键人方法对父母（特别是母亲）的好处是，它确保父母和儿童一样，有机会与早期教育机构中的"某个人"而不是"所有人"建立个人关系。他们认为，"这样做的可能好处是父母会感到放心，并且有机会与专业的教育工作者建立合作关系，工作者可以与他们分享教养子女过程中的乐趣和压力"（p. 23）。埃尔弗等人将关键人与父母之间的特殊关系描述为儿童、父母和教师"信任三角"的第三要素。他们提醒教师，对父母来说，将

第 4 章 有利于对话的环境

部分儿童的照料和教育任务交给早期教育机构的工作人员将是一个艰难的决定，一些父母担心儿童得不到好的照顾，得不到和在家时同等的关注；另一方面，他们也担心儿童把爱和情感给予教师，从而使父母有种被抛弃的感觉。因此，在创设互动友好型的环境时，教师必须关注他们与父母和其他照料者之间的互动，通过建立一个"信任三角"，早期教育机构的关键人"可以让父母知道教师会考虑到他们的担忧"（p.35）。

互动友好型的心理环境需要考虑到每一位父母，教师应该始终敏感地关注：每一位父母或照料者在进入班级时是否受到了热情的欢迎？父母是否接受了家访，以便在他们感到安全和熟悉的地方与教师互动？当父母到达早期教育机构时，他们在墙上和布告栏上会看到什么样的标志和要求？这些标志传递的是"欢迎"还是"不欢迎"的信息？这些信息的语言是否考虑到了所有的家长群体，还是有一些家庭没有被包括在内？物理环境在向家长传递有关心理环境质量的信息时是非常重要的。

为教师打造的心理环境

为了创设滋养儿童及其父母的安全的心理环境，教师需要确保工作环境在情感上也能支持自己。我们可以看到，在"信任三角"中，关键人是连接儿童、父母和早期教育机构之间关系的一个关键组成部分。这种关系提出了生理和心理需求，这些需求需要得到关键人的理解和支持（Elfer et al., 2012）。奥康纳（2014）认为，由于与关键人的关系质量对儿童的幸福感影响巨大，因此我们必须始终考虑关键人的福祉。这意味着，每位关键人都有权与指导教师、管理者或资历更深的教师私下讨论关于这个角色的方方面面的问题，"以减轻自己与儿童及其家庭的亲密关系带来的心理上的挑战"（p.44）。

每一位早期教育工作者都知道，与儿童在一起时会遇到很多情感上的挑战。关注儿童自身的社会和情感需求有时会触及或暴露教师自身的感受、恐惧和脆弱感。教师需要较高的专业能力来维持对早期教育工作者角色来说至关重要的温暖感和亲密感，同时保持适当的职业距离。当教师自我感觉很好时，他们最能够支持别人，也能照顾好自己的感受。我喜欢奥康纳（2014）关于飞机上的氧气面罩的比喻：不先戴上自己的面罩的教师无法帮助那些依赖他们的更脆弱的人。热情、专注和放松的教师鼓励儿童与其父母进行有价值的对话。正是日常轻松、密切的交谈，使教师对每个儿童及其家庭成员之间的关系有了更深入的了解。如第 3 章所述，正是对儿童及其家庭的了解，为加深教师和儿童之间的情感纽带开辟了无限的可能，进而为支持和拓展儿童的学习提供了机会。

物 理 环 境

在关于"促进对话和高质量互动"的文献中反复出现了一些关键的物理环境特征。伊丽莎白·贾曼（Elizabeth Jarman）在这一领域做出了重大贡献，她提出的"交流友好型空间方法"（Communication Friendly Spaces Approach）引发了许多关于早期教育机构空间利用的彻底反思。贾曼说她的方法"关注环境在支持儿童的倾听和表达能力、情感和社会性发展、身体发育和积极参与方面的作用"。她的很多研究对教师的实践产生了以下影响。

有利于高质量互动的物理环境特征

空间

第一个物理环境特征指向室内和室外的空间环境。很明显，狭小、嘈杂的空间不利于持续性互动。如第 3 章所述，儿童和教师都需要感到放松以便接收彼此的信号，而环境在实现这一点上起着重要作用。作为牛津郡成人-儿童互动研究项目的一部分，参与者们讨论了国家项目"每一个儿童都是言说者"（Every Child a Talker，ECAT，DCSF[1]，2008）所确定的"谈话热门地点"，即儿童似乎更愿意与教师进行长时间对话的地方。当牛津郡的项目参与者被问道"在你所处的机构中，哪里是儿童最有可能和教师交谈的地方"时，我们得到的答案多种多样。有的说是户外，有的说是私密空间，有的说是小吃桌旁。许多教师都认为是室内外相对封闭的区域，比如图书角或柳树隧道。

随着时间的推移，参与者们意识到，真正重要的不是某个特定的地点，而是这个地点能让儿童感到放松。因此，通过回答这个问题，教师能够确定哪些空间让儿童感到放松并愿意互动，哪些空间出于某些原因而更加安静，并且思考如何在两者之间达到平衡。例如，某位教师认为儿童在户外最放松，这使他意识到所有由儿童主导的活动都在户外，而所有由教师主导的活动都在室内。这种不平衡的状态需要被改变。

在讨论"谈话热门地点"这个问题时，很明显，不仅仅是儿童有感到放松的地方，教师同样也有这样的地方。我第三次和第四次回到早期教育

> 心理环境和物理环境对儿童放松和分享想法的意愿有重要的影响。

机构和教室中拍摄录像时，发现一些项目的参与者所处的机构环境和以前完全一样。当我问为什么会这样时，教师们说了一些类似的话："这是最让我感到放松的地方。"这引发了关于早期教育机构或教室空间的进一步讨论。在这些地方，教师感到放松，或者说他们对支持儿童的学习缺乏信心。有的教师觉得谈话热门地点在积木区，有的教师觉得谈话热门地点在户外（因为儿童不会停下来和教师对话），也有教师觉得谈话热门地点在儿童主导的而不是教师主导的学习情境中。让教师感到不那么放

---

[1] 英文全称为"Department for Children，Schools and Families"，即英国儿童、学校和家庭部。——译者注

> 互动还是干扰？

松的地方各不相同，但在承认它们的存在之前，无法采取任何措施来解决这种不安感。在我工作过的一个地方，所有员工都承认，他们在积木区周围走来走去，不确定如何支持和拓展儿童的学习。所以，在这种情况下，最喜欢积木区的儿童会发现，当他们希望有感兴趣且专注的教师陪伴时，他们却不在那里。

噪声

贾曼（2009）提醒我们，在嘈杂的环境中，儿童甚至教师都很难集中注意力，这对儿童的倾听和表达能力产生负面影响。早期教育环境很容易变得非常嘈杂，而拥挤喧闹意味着减少了人们轻松交谈的机会。作为教师的我们，只需想想在嘈杂的俱乐部或酒吧，或有大声的音乐播放时，进行一次像样的交谈有多难，噪声可以把谈话简化成只有单词的交换。

有利于互动的环境中通常设计有安静的区域，在这里能够轻松地进行对话。大多数儿童喜欢待在狭小的空间里，待在一张桌子下或待在柳枝遮蔽的凉亭中。事实上，任何地方，只要是一个只容纳一两个人的空间，谈话都会显得特别和私密。对许多儿童来说，在公共场合——圆圈活动或集体中——讲话是困难的，而且这会打击那些还没有勇气或信心在更公开的场合讲话的儿童（见转录8.2）。这并不是说不应该鼓励儿童在公共场合发言，但如果这些更公开的场合是与教师交谈的唯一情境，那么许多儿童就会退却，因此丧失许多学习机会。

> 嘈杂的环境不利于说话、倾听或思考。一定不要创设让互动变得困难的学习环境。

近来，人们越来越多地在教室里使用音乐。当然，音乐对于营造氛围和辅助一些活动来说是很有效的，但如果不间断地播放音乐，就会产生问题。音乐填满了在超市购物或者等待电话被接通的时间，你唯一感知到它的时候就是它停止的时候。播放音乐必须有明确的目的，而不是制造填满空间的噪声。太多的儿童家庭里，电视或收

第4章 有利于对话的环境

音机一刻不停地播放,尤其是电视被用作"保姆"(代替父母陪伴儿童),而不是父母和儿童共享时光的资源(Karmiloff-Smith,2012),他们不知道安静、平和的环境能带来更强的专注。太多年轻人的脑子里总是充斥着各种噪声,以至于当被要求在考试中全神贯注,且不允许戴耳机时,他们会觉得非常难受。马克·安德鲁斯(Mark Andrews,2013)的研究表明,太多持续的背景噪声不仅会"扰乱注意力",还会"提高整体的压力水平,增多压力场景,因而影响人们的健康",而且"持续处于这样的环境中不会使个体更加习惯噪声,事实上,环境带来的负面影响会不断增强"。

光线

贾曼强调环境的另一个特点是光的使用。所有的证据都表明,自然光比人造光更有利于人的成长。贾曼(2009)引用了一项在美国加利福尼亚州进行的研究(Heschong Mahone et al.,2002),该研究表明,一年内在自然光较多的教室里学习的学生的数学进步速度比自然光较少的班级学生快20%,阅读进步速度快26%。莫特等人(Mott et al.,2012)重复了这项研究,得到了相似的结果。研究报告还指出:人造光与头痛及一些视觉损伤恶化有关(Winterbottom & Wilkins,2008);人造光会影响情绪和对不同学习情境的反应(Knez,1995);情绪也会决定注意力和记忆等认知能力的活跃程度(McColl & Veitch,2001)。虽然这些研究并非完全毋庸置疑,但它们确实指出了一个事实,即我们需要重点关注早期教育环境中,光线是如何被选择和使用的。情绪和注意力与进行对话的愿望和能力密不可分,教师需要确保环境中的光线不会和噪声一样使儿童分心。

只要有可能,就应该让环境中有尽可能多的自然光(可以使用百叶窗消除眩光)。在瑞吉欧·艾米利亚的幼儿园中,光线设计使空间在视觉上相互连接,因而"即使身体不能到达那里,眼睛和耳朵也仍然可以到

> 就像利用声音一样，有创造力的教师会利用光线引发儿童不同的反应，从而开展生动、有吸引力的活动。

达"（Bishop, 2001, p. 78）。这提醒我们不要用太多的图片或标志遮住窗户和门上的玻璃，以免破坏儿童的视野和不必要地减弱自然光。如果人造光是必要的，贾曼建议使用透明织物或光源漫射板，以减少人造光的强度。重要的是，人造光应该被明智地用来营造氛围，帮助儿童把注意力集中在某件事上，或者引发谈话。马克·杜德克（Mark Dudek, 1996）在一本关于幼儿园建筑的书中提出，"完全统一"是不可取的，某些墙壁应该被凸显以吸引儿童的注意力，其他空间则不需要那么明亮，从而显得更安静和舒适。

位置

设备和家具的位置对早期教育中的互动质量有显著影响。一些关于幼儿园及其教室的有趣研究（例如：Hastings & Schwieso, 1995）表明，有的教师为了鼓励儿童对话而给他们分组，但却很少布置能引发儿童合作的任务，因此儿童的对话通常和他们手头的工作无关，这导致儿童反而经常因为谈话而被训斥，不能完成任务。因此，环境必须为教师想要使用的教育方法服务。如果互动被视为儿童学习和发展的关键，那么必须评估环境为互动提供的机会，并仔细检查家具或其他设备的布置方式妨碍互动发生的可能性。

如果同一个空间中既有安静又有嘈杂的区域，那么最好不要把它们安排在一起。我见过一些布置得很好、排列得很整齐，却从来没有被使用过的图书角，因为它们被安排在娃娃家旁边。娃娃家热热闹闹，人来人往，想要安静的儿童总是因为娃娃家传来的声音而分心。微型世界的游戏也是如此。我看到一群大概4岁的女孩试图创作一个复杂而富有想象力的故事，但是故事中的龙和公主不断受到一些男孩的打扰，这些男孩兴高采烈地来到外面，敲打着微型世界区域的桌子，破坏女孩们精心安排的角色。教师需要先看一看他们所布置的环境是否为谈话提供了机会，然后检查这些机会是否会受到旁边或附近正在进行的活动干扰，因为这些干扰很可能会降低儿童之间以及师幼之间的互动质量。

在户外规划一些能让儿童安静思考、互动的空间非常重要。用毯子在树枝上做成的小帐篷、柳树隧道、树荫下的座位或凉亭，都能让儿童产生亲密感和专注感，专注于对方或手头的工作。我们已经看到，被别人打断常常会扰乱正在进行的互动，因此如果允许儿童适当远离他人，那么互动就不太可能被打断，儿童有机会展开对话，而且对话能从一般的、即时性的转向更深层次的交流，更有意义的互动也会由此发生，从而支持儿童的社会性、语言和认知的发展。

> 教师在创设环境时，需要将互动友好型空间计划在内。

刺激

认为早期环境需要总是"充满刺激"是一个常见的误区。事实上，当人们提到早期学习环境的质量时，这个词被使用得太频繁了。就像所有的环境一样，早期学习环境也需要多样化。早期教育机构中需要有安静的地方、嘈杂的地方、阴暗柔和的地方、通风明亮的地方。同样，有刺激的地方，就需要有平静的地方，儿童与教师的交谈可以发生在这两种空间中，因为这两种空间可以引发非常不同的对话形式。在安静的地方展开的对话往往更具有思考性，更加私密和坦诚。当儿童感到安全和相信不会被打扰时，他们往往会透露出更深层次的想法——困扰他们的是什么、对他们来说很重要的是什么、他们正在努力理解的问题是什么。他们将有机会反思、谈论解决问题的方法，而不会被周围的人打扰。在刺激性空间里展开的对话通常是充满活力和简单快速的。对话从一个人到另一个人，大家共同构建一系列的观点和想法。这样的对话通常伴随行动和试验，需要高度专注的教师积极跟随儿童的思路。

当我对早期教育机构的环境进行反思时，有时发现人们容易过分强

互动还是干扰？

> 有效的早期教育环境提供两种类型的互动空间：一种是熟悉、平静、令人安心的；另一种是新颖、刺激和发人深省的。

调某一种环境。有时环境太安静了，教师想要控制教室里发生的一切，因而造成了压抑感。这种压抑的安静不会带来像在小帐篷或树荫处的那种谈话，小帐篷和树荫是安全的互动港湾，在那里，儿童和教师都感到放松。压抑的安静让儿童和教师都变得紧张，正如第3章所述，压抑的氛围通常会阻碍互动顺利进行。同样，环境也可能过于刺激，如果环境中的一切都是新鲜的、不同以往的、令人兴奋的，那么儿童就会从一个活动到另一个活动转换，没有任何与熟悉的材料互动时的那种平静的感觉。在这样的环境中，学习仍然是浮于表面的，因为儿童总是在寻找新的东西，没有机会发展毅力和专注力。而毅力和专注力的培养需要依靠与熟悉的材料互动，从而拓展已有的经验。

时间

儿童需要知道教师有时间陪伴他们，也会花时间倾听他们。走过儿童身边，简单地回应一声"哈哈"实在太容易了，尽管这句话很友好，却很难让儿童感觉到他们所说的话很重要。如果儿童主动发起对话，或者被鼓励继续进行谈话，那么教师的肢体语言就必须传达这样一个信息：我愿意用自己所有的时间来倾听你。

很容易想象，教师与儿童相处的时间越长，就越有机会理解儿童的想法并且支持儿童的学习，但情况并非总是如此。教师可以和儿童在一起相当长的时间，但正如转录3.2所示，因为很少尝试或没能成功地理解儿童的想法，教师所做的努力可能只是在干扰儿童的学习，而不是提供支持。

陪伴的质量，而不是数量，能让儿童相信教师对他们的想法和谈话感兴趣，这将鼓励他们进行下一次互动。教师的肢体语言如果显示出他

第4章 有利于对话的环境

们非常专注且对谈话感兴趣,就会鼓励谈话的继续进行。教师的反应将决定儿童是否觉得与其交谈是有价值的,以及他们是否会选择再次这样和教师谈话。

> 有效的教师认真对待每一次谈话,并能够意识到有价值的互动不仅发生在已经计划好的、可预期的时间里。

经验

牛津郡成人-儿童互动研究项目中记录的许多有效的互动都是"偶然发生的"。它们常常开始于一段偶然的谈话,内容可能是一件新外套、一只生病的仓鼠、一只被压扁的虫子、墙上的班级名单……有效的教师对每一次谈话机会都保持敏感并意识到,对儿童的信心、语言和认知发展来说,没有什么比停下来倾听儿童想说的话更重要了。大多数儿童都有一箩筐想要分享的东西。奇尔弗斯(Chilvers,2006,p.5)说,儿童有一种"内在的冲动,想以某种方式告诉你他们在想什么、在感受什么、在看什么、在听什么、在闻什么、在摸什么,他们是强大的沟通者"。很多时候,儿童愿意发起一段谈话,他们需要的只是一个专注的听众。教师需要做的就是成为专注的听众。

尽管许多有价值的互动是偶然发生的,但这并不意味着教师不能做好计划。正如本章前文所述,教师通过规划环境、资源和经验,为发起和维持互动创造最佳机会。教师也会安排一些儿童感兴趣的活动,锻炼他们的语言能力,例如,把儿童最喜欢的书中角色的卡片藏在袋子里,让他们预测谁会下一个出来讲述故事。这些事先计划好的活动有着巨大的价值,但是教师需要让儿童根据自己的兴趣和需要为谈话做出贡献,而不能强迫儿童遵从教师的流程。在牛津郡项目的录像中,当教师要求或期望儿童说话时,他们往往不说话。当儿童被要求轮流发言,解释一个想法,或者告诉每个人他们做了什么时,他们的语言与主动发起互动时的表现相比显得简短和压抑。他们说的经常是一些他们认为教师想听的话，而不一定是他们真实的想法和感受。此外，在这些事先计划好的情境下，儿童经常争夺教师的时间和注意力，所以没有太多的时间进行深入的互动。当然，有些时候，我们希望提供机会让年龄大一点的儿童自信地面对一群人讲话，让别人知道他们能表达自己的想法和感受，会考虑到听众的需求。然而，在公共场合讲话或在一个很大的群体中回答问题、倾听他人的意见，需要一些不同于在互动中思考的能力，就像书写不同于创造性写作，两者都很重要，但它们所需的能力和追求的目标是不同的。如果想让儿童通过对话来学习（Mercer & Hodgkinson, 2008），就必须创造一种没有压力，不期望当场得到答案，也不必总是遵从流程的机会，这正是我们在地毯上开展活动时常用到的互动策略。

如第1章所述，如果教师认识到与儿童对话的重要性，那么没有什么比回应儿童发起的谈话更重要了。许多有价值的谈话都是偶然发生的，当某件事触发儿童的联想或记忆时，他们就会想到一些话题。这些话题有时看起来非常随机，但细心的教师通常能够发现儿童的思路，识别出他们所说的有关记忆、经历或是当下情境的兴趣。

• • • • • • **分析你的实践** • • • • • •

牛津郡的教师在分析学习环境与师幼互动质量的关系时总结了有效实践的以下特点。

在有利环境下互动的特点

» 儿童及其父母和教师都觉得自己很重要，相信自己所说的话很有价值。
» 教师把与儿童的互动放在首位。
» 既有安静交谈的地方，又有通过活动引发谈话的地方。

第 4 章　有利于对话的环境

» 教师通过停下脚步、和儿童处于同一高度、仔细倾听来给儿童他所有的关注。

» 活动提供了许多谈话、讨论和提出问题的机会。

» 光线、声音和材料都有助于支持高质量的互动。

在不利环境下互动的特点

» 儿童及其父母、教师不认为他们所说的话是有价值的。

» 教师忽略儿童的互动邀请,而不是停下来认真倾听儿童想说什么。

» 有太多过于吵闹、不利于互动的地方。

» 非常活跃、喜欢在户外活动的儿童永远没有机会和教师进行专注的交谈。

» 教师没有给儿童足够的时间思考问题或提出问题。

» 过于明亮的灯光、嘈杂的噪声和过度的刺激会降低谈话的质量。

 转录 4.1　沙池里的尼娜和夏洛特

夏洛特(18 个月大)正和她的关键人尼娜待在户外的沙池里。夏洛特正在说"碎沙",最近在沙池中她经常使用这个词。

C:这是碎沙,碎沙。

A:(微笑,模仿夏洛特正在做的事)碎沙。

C:碎沙。(向后坐欣赏她的作品)哈哈!(坐回原位继续加工她的作品)需要碎沙。

A:你喜欢这么玩,对吗?你要不要再做一次?

C:我做了一些。

A:(继续模仿夏洛特正在做的事)你喜欢这么做。

互动还是干扰？

C：（往后坐）有一张椅子。

A：（对她微笑）

C：我可以再做个别的吗？

A：可以。

C：那我可以做一个房子。

A：听上去是个好主意。

C：做……一个房子。

A：你需要我让开点吗？我是不是应该稍微让开点？

C：是的。

A：给你更多空间。

C：是的……给我更多空间！

A：是的……就是这样，你需要更多空间，不是吗？

C：是的。

A：你要再做个墙还是房子？（夏洛特没有回答）是墙吗？

C：你瞧。

A：你想在这里建吗？那么，我们要做些什么呢……我们就像这样用手舀沙子吗……但是放到那里。这是你想做的吗？

C：是的。我需要到那边去。

A：你要到那边去，好的。

C：（夏洛特移过去）在那里划两个空格（她仔细地堆沙子）开始吧！

A：开始吧！做得很好。

C：你可以让一让吗？

A：当然。（她们笑了，夏洛特又移回原来的地方）好吧，接下来要做什么呢？我们还需要放什么东西到房子里？

C：我们需要……碎沙，碎沙，碎沙，碎沙。（她向后坐）好啦！一

第4章 有利于对话的环境

个房子!

A：这是你的房子吗？谁住在你的……（夏洛特把"房子"砸了）哦！没了。

C：碎沙！（她们看着对方笑了）

A：全碎了，不是吗？现在全都没有了。

C：（站起来把沙子踩来踩去）嘎吱，嘎吱，嘎吱，嘎吱。

A：嘎吱，嘎吱，嘎吱。

夏洛特捡起铲子把它拿到身前，看着教师。

A：你有铲子，我也有，我们应该用铲子做什么？（夏洛特没有回答）我想挖个大洞。

C：我也想挖个大洞。

分析

这篇转录文字的突出特点是教师和儿童彼此陪伴时有多么放松。两人之间有很多微笑和一些可爱、幽默的交流。她们在户外，夏洛特喜欢在户外，尼娜也很喜欢在户外。沙池足够大（不是一个小沙池），可以进行创造性的游戏，而且沙池被一个雨篷覆盖，创造出一种封闭的、亲密的感觉。夏洛特正在享受堆沙子的感觉。她还有热情的、专注的教师尼娜陪伴，她会跟随夏洛特的行动。夏洛特对建造"房子"并不真的感兴趣。事实上，尼娜唯一一次直接问的问题是"谁住在你的……"，夏洛特的反应是把房子砸了。

问问你自己：儿童从中获得了什么？

可以参考第3章转录文字后的"儿童获得了什么"中的内容。

互动还是干扰？

 转录 4.2　黛比和星球大战

黛比在一年级教书。学校有一块很棒的户外场地，包含树木、原木、泥巴厨房、秋千、挖掘区、种植区。一群男孩在玩星球大战。他们的领导者哈利是少数几个坐在地毯的后半部分区域无法集中注意力的男孩之一，此时教师发现很难"参与"进去。

C1：黛比老师，你想用激光来保护自己吗？（递给她一根小原木）

A：是的……我能用这个吗？

C1：是的。（他转过身去）

A：哈利……对不起……我该怎么做？

C1：你的手一直放在这儿。（指着木头上的一个地方）

A：好的。我该把它放在哪里？在我的肩膀上还是胳膊下？

C1：不，听着，你拿在这里。

A：你做给我看看。（他这样做了）好的，好的。然后呢……如果我看到机器人怎么办？

C1：如果你看到机器人，就是那个……

C2：和机器人战斗。

A：好的。他们看起来像什么？他们是什么颜色的？

C1：他们看起来像……

C2：他们是金属的。

C1：（努力强调）不，他们不小……他们很大……和我一样大。

C2：我说是金属的。

A：金属的……他说是金属的。

C1：是的（点头），还有一些，还有一些是坏人。

A：（挥舞着他的"激光"）酷，我觉得自己像个真正的士兵……很好。（朝C2笑了笑）

第4章 有利于对话的环境

C2：黛比老师，如果你看到有白色的人拿着绿松石色的枪，还有拿着枪的机器人，他们在太空里，就开枪，因为他们是坏人。

C1：黛比老师，黛比老师，你看到那边的那个平底锅了吗？（指着泥巴厨房）你看到所有的平底锅了吗？

A：是的。

C1：那是坏蛋的大本营。

A：哦。

C1：如果你看到戴头盔的白色的人……他们是好人。

A：等等……我要糊涂了……我要射错人了，哈利。好人是什么颜色的？

C1：白色。

A：白色。

C1：是的，他们戴着头盔。

A：戴着头盔……是的。所以看到没有头盔或金属的人，我就开枪，是吗？

C1：是的。

A：是我一个人，还是有人来帮我？

C1：我们会帮你的。

A：好。我是在这里，还是说我可以，比如说，离开然后……

C1：这是激光束。你把它放在那里，然后你把你的盾牌放在上面，它就能杀死所有的机器人。

A：哦，好的。

C1：这是激光束。

A：谢谢你帮我武装起来，哈利。我觉得现在安全了一点。（她拿着激光束坐下来，做好准备）

C3：那里有一个！

互动还是干扰？

A：哦。哪里？

C1：（抬头看）哦，是的，还有像这样的大船。

A：好的，好的，我要去了。（把激光瞄准）准备，基兰……你要帮我吗？

C3：利亚姆，把你的头低下！

C1：（对老师说）你在那里按这个按钮。（指向原木上的一个点）

A：哦，我按错了！

C1：你按下了盾牌。你向我发射了盾牌手榴弹。他们被击中然后死了……

C2：黛比老师，这个有……

C1：（对C2低声说）黛比老师用盾牌手榴弹指着我。

A：我搞错了！我得按一下。

C1：是的，因为他们要爆炸了，因为他们要爆炸，然后盾牌就会脱落，他们甚至都不知道。

A：哦，是的。

C1：他们现在听不见我们说话。

A：好的，没问题吧。好的……如果我看到任何人我就按这个，是吗？

C1：是的。（跑向"坏蛋营"）

A：酷。

C1：嘿，你差点把那棵树打倒！

A：哦，对不起，我不是很会用，我是新来的。（C2对她咧嘴笑笑）我没有你那么专业，我不太擅长射击。帮帮我，伙计（C2）。

C2：你知道的……那个地方……当你一直看着我的时候……但当我竖起大拇指的时候，就是应该射击了。

A：好的，好的。我靠你了。

第4章 有利于对话的环境

C2：（跑掉了）啊哦。

A：（仔细看他走到了哪里）哦！（站起来开枪）他竖起大拇指了！

分析

参与这个游戏的孩子们不太喜欢室内相对安静的环境，他们更喜欢在户外自由活动，也更喜欢自发性游戏。通过邀请教师来玩游戏，他们表达了对教师极大的尊重和喜爱。他们根据以往的经验知道，她会加入并支持他们的游戏，而不是谴责它（因为这是"枪战"）或试图控制它（因为没有她所想的目标）。教师始终全神贯注地沉浸于故事。通过加入并听从儿童的领导，教师与男孩们建立了一种牢固的关系，当需要时，这种关系能够延伸到更正式、或许是要求久坐的学习情境中。她能更多地了解男孩们的兴趣，并将它们作为学习的"诱饵"。自由的游戏环境使男孩们具有创造力和想象力，并帮助他们在协商和游戏的过程中提高社交技能。

问问你自己：儿童从中获得了什么？

可以参考第3章转录文字后的"儿童获得了什么"中的内容。

总　　结

本章分析了有利于高质量互动的环境的特征，强调了心理环境和物理环境的重要性，并指出与早期教育的很多方面一样，教师需要在刺激、兴奋的环境与平静、稳定的环境之间保持平衡。师幼互动的质量受其所处环境的深刻影响，教师需要熟悉教室的各种特征，因为这些特征可能影响儿童是否参与持续性互动。下一章将更仔细地分析教师如何与儿童的思维保持一致，以及有效的教师如何判断是否干预以及何时干预儿童的学习。

○ 互动还是干扰?

 自我反思

1. 我重视互动吗？儿童及其父母相信他们会被倾听并且得到回应吗？
2. 在我所处的机构里，儿童在哪里感到最放松？我在哪里感到最放松？
3. 我们的环境支持高质量的情感和身体互动吗？
4. 我对每一次谈话都很敏感吗？

第 5 章

与儿童同频

"有效的教师主动与儿童同频,而不是期望儿童与他们同频。"

第 3、4 章阐述了教师如何通过了解儿童及其家庭并创建有利于对话和互动的学习环境来为有效互动做好准备。但是,有效互动依赖教师的敏感性,即在任何时候都能及时地关注儿童的需要。知道儿童在想什么、他们感觉如何、在寻求什么样的帮助,这些都会影响教师选择说什么,以及他们所说的内容对儿童是否有帮助。本章谈及互动出现的时刻,以及如何在正确的时间以正确的方式说出正确的话。教师每一天都要做出上千个关于何时互动、如何互动以及是否互动的决定。那么,是什么影响了做决定的过程?以及在决定互动是否会造成干扰时需要考虑哪些因素?

聚焦于婴儿和学步儿

教师要想与婴儿和学步儿同频,须将婴儿和学步儿视为有能力的沟通者,并对他们努力被倾听的不同方式保持敏感。婴儿和学步儿用手势、哭声、声音和面部表情向教师表达自己的想法和感受。细心的教师必须解读不同种类的沟通信号，使自己与婴幼儿同频并用适宜的方式做出回应。首先，教师需要花尽可能多的时间与婴幼儿相处。越熟悉每个婴幼儿的手势和声音，就越能成功破译他们试图传达的信息。婴幼儿可能指着一个玩具，大力踢腿，或者头转向飞机的方向，跟随他们的引领对教师会有帮助。当教师对这些手势和它们可能的意思保持敏感时，互动就开始发生了。

面对婴幼儿，教师将身体降到与他们同高是非常有帮助的。如果婴幼儿在婴儿车里或在地板上能看到教师脸上表现出的兴趣和关心的表情，他们就会更容易做出反应。教师如果做出适当的回应，比如重复婴幼儿的行为或发出的声音、评论他们所做的事或者像镜子一样反映婴幼儿的行为，就会让他们感觉到教师对他们真的很感兴趣。通过对婴幼儿的手势、声音或表情进行解读，教师会把他们的行为看作是有意的。尽管婴幼儿可能不理解教师所说的话，但他们会逐渐意识到自己的行为可以使某些事情发生，自己的声音、哭声和手势向别人传达了意义。对可以交流但还不会使用语言的学步儿，用"如果他可以，那么他会说"的方式解读他的信息是有帮助的（Weizman，1992）。例如，婴幼儿可能在想要果汁的时候只会说"dah"，韦茨曼（Weizman）建议教师与其说"好的，稍等，我来给你取……"，不如说"还想要果汁，你还想再来点果汁……"。教师翻译儿童发出的声音，并把翻译过来的话语重复说给儿童听。

婴幼儿似乎非常善于察觉他们的行为和成人的反应之间是否同步。默里和特雷尔瓦森（1985）做过一项实验：他们把两三个月大的婴儿放在监视器前，监视器上显示的是他们的母亲坐在另一个房间里。变量是让母亲对儿童的反应延迟30秒。当婴儿看着监视器时，他们看到的是母亲对其 30 秒前的动作做出的反应，所以母亲的反应并不和婴儿当时所表达的内容同步，婴儿们变得焦躁不安，因为他们的母亲似乎没有注意到他们的感受。和儿童同频是所有有效互动的基础。当教师尽一切努力解读无法用言语交流的儿童正在努力传达的信息时，教师不仅会从中确认儿童是有意图的，儿童也会相信自己是值得被关注的。儿童就像别人看待他们那样看待自己，如果教师表现出儿童是值得尊重的，那么未来儿童也会尊重他们自己。

作为学习者的儿童

随着儿童长大，互动是否被视为干扰很大程度上取决于教师能否将儿童看作学习者。如果儿童被看作是教师观点的被动接受者，那么教师的角色将是干预者，他们决定儿童的学习经验并为他们做好计划。在这种情况下，教师将主导儿童的学习。他们会通过解释、示范、告知、指导来教学，然后通过提问检查儿童学到了什么、理解了什么。这样就不会给儿童留出多少空间进行独立思考，追随儿童兴趣的空间就会减少。另一种情况是，教师认为儿童是学习的积极参与者，教师的角色就转变为儿童自发活动的支持者和促进者。如果教师认为儿童"富有潜力、强大且能干"（Malaguzzi，1993），那么教师在有效互动中的责任就是理解和适应儿童的需求。

> 发现问题的 1/4 答案较之从别人那里获得一个完整的答案，对儿童来说更有价值。
> ——弗里德里希·福禄贝尔
> （Frederich Froebel，1887）

再看调谐

正如第 2 章所述,"调谐"是一个术语,通常用于教师"让儿童知道他们的情感是被共情的、被接受的,而且在适当的情况下是相互的"(Rose & Rogers,2012,p. 41)。昂德当(2007)描述了调谐过程的复杂性和多面性,教师通过"共情式回应",密切关注儿童的言语和非言语信号,这些信号暗示了儿童当前的感受、需求和兴趣。罗斯和罗杰斯(2012)提醒我们,这些信号有时可能不太明显,而且"不同的儿童可能会有不同的表达方式"。儿童的年龄越小,儿童之间的发展差异就越大,这就是为什么早期教育中的首要原则是尊重儿童的独特性,儿童会"以不同的方式,不同的速度……持续不断地学习"(DfE,2012b,p. 3)。

调谐不仅是让教师与儿童同步,还需要做出回应。罗斯和罗杰斯(2012,p. 54)说,教师需要"立马充分意识到儿童想传递的信息,并且调整互动方式以适应儿童的需要,后一点是至关重要的"。"独特的儿童"意味着儿童的需要和兴趣是高度个性化的,教师的回应方式应该基于儿童个体的需要。每个儿童都有自己的认知拼图(Fisher,2013),新的东西会被同化其中。儿童认识世界的方式多种多样,有些儿童迅速接触新的经验,拥抱、尝试它们,在实践的过程中完善它们。另一些儿童会先采取观望的态度,仔细观察别的儿童,评估可能的风险和结果,最后采取行动。一些儿童有一个优势,就是对生活充满好奇。当重要他人向他们展示、描述、解释并使他们接触各种新的经验时,他们就会对自己生活的世界以及其中蕴含的各种可能性感到更加好奇。另一些儿童则会拒绝、后退、不愿意认识更广阔的世界,只接受极其有限的挑战和不确定性。正如第 1 章所述,一些儿童有机会和各种各样的人发生持续、积极的互动,从而获得不断的语言输入并扩大自己的词汇量;另一些儿童则没有这么多和他人互动的机会,他们的言语交流经历常常是单向的、拘束的、消极的。为了有效支持不同的儿童,教师必须了解每一个儿童,知道以何种方式能够最好地支持他们的学习和发展，从而为不同的儿童提供个性化的学习机会。

与儿童同频的策略

所有教师都可以使用一定的策略来确保自己在正确的时间，以正确的方式，说正确的话。根据牛津郡成人-儿童互动研究项目的分析结果，以下是项目参与者使用的与儿童同频的关键策略。

观察

儿童会向我们展示他们喜欢什么、知道什么、能做什么。早期学习是主动的学习，无论是婴儿在垫子上探索周围的环境，还是3岁儿童激动地在户外跑来跑去，细心的教师都能通过观察他们的动作、目标、注意力、参与度，了解他们着迷的事物和想要达到的目标。教师很难通过带一堆书回家来标记儿童在某一特定领域的发展情况。早期教育者的任务要比这复杂得多。

儿童在一项活动中可能会展示其在语言、数学、科学、健康、创造力等多个领域的发展情况，教师的任务是理解所看到的东西，识别重要的发展里程碑，并确定儿童需要什么样的帮助和支持才能获得进一步的发展（Dubiel，2014）。在教师做出干预学习的决定之前，他们必须评估以上所有内容，并扪心自问：儿童需要何种帮助，何时需要帮助，以及是否需要帮助。

"何种，何时，是否"是有效帮助教师与儿童同频的提示。

儿童需要何种帮助促使教师思考：

- 儿童能自己处理吗？如果能，我不会干预。
- 如果儿童自己不能处理，我说些什么或者做些什么会有帮助呢？

互动还是干扰？

我应该说什么，做什么呢？

儿童何时需要帮助促使教师思考：
- 儿童是不是在努力解决，但还不至于觉得沮丧？努力是好的，尽力理解或做到某件事是好的，但是过于沮丧以至于放弃就不好了。
- 如果我现在介入，会起到支持的作用还是会让他们觉得自己能力不够呢？我将等一等，观察儿童是否会因为不能解决问题而逐渐感到沮丧，同时我要准备好一些办法来帮助儿童克服学习困难。

儿童是否需要帮助促使教师思考：
- 什么都不做，什么也不说才是最好的？早期教育教师倍感压力，觉得他们需要介入并且做些什么，比如，问个问题、评论几句或者给些建议。这些策略有其价值（见第9章），但有的时候最好的选择就是什么也不做。
- 也许对于"是否"的回答是"还不需要"。

早期教育工作者很容易有一种想法，即如果没有直接参与儿童的活动，就没有正确地完成工作。但是我认为，观察就是在直接接触儿童，教师是在与儿童的思维互动。尽管教师的身体不动，嘴是闭着的，但是教师应该在心里努力思考自己关心的问题："儿童想要做什么？""是什么激发了儿童的游戏灵感？""花园里的恐龙能重新激起他们的兴趣吗？"

直接参与儿童的思维是互动的最高形式——有时并不需要涉及谈话。只有细心地观察儿童，才能知道儿童对什么感兴趣，能做到什么，需要什么帮助。不花时间观察儿童的教师在支持和指导时会显得笨手笨脚，因为他们是在假设儿童需要什么或正在学习什么，而不是把互动建立在观察的基础上。对儿童学习的有效观察是有效互动的基础。

记录

通常,当教师观察儿童时,他们想记录儿童发展过程中的一切重要时刻,这是很好的早期实践方式。但是,记录本(以及标签、便笺纸)不能妨碍教师和儿童的互动。有效的互动有赖于教师给予儿童眼神接触和密切关注。当教师开始写东西的那一刻,儿童可能会觉得教师不再关心他们当下说的话。教师如果想与儿童保持互动,就必须持续关注儿童。等到互动结束之后,再写下值得注意的事(观察记录只应该记录"有意义"的内容)。教师的注意力应该始终集中在儿童身上,而不是记录本上。如果儿童觉得他们所说的每一句话都被记录和评论,那么每当教师在身边时,他们就很可能变得不愿意说话。我曾去过的某些机构中的儿童一定觉得自己在被"狗仔队"跟踪,因为在每个角度他们的脸都会被照相机、摄像机等捕捉。因此,只有在不干扰儿童学习的情况下,才可以使用这些设备。当然,也不能在互动过程中使用它们。

积极倾听

观察必须包括积极倾听。有时,教师会隔一段距离观察儿童(有时是一种完全合理的策略),但这种情况下他们不总是能听到儿童在说什么,

> 倾听是长时的停顿。
> ——瑞吉欧儿童
> (Reggio Children,2001)

这会产生一个问题:儿童所做的并不一定是他们所想的、所谈论的、所学习的,这一点在儿童主导的活动中尤其如此。有些儿童主导的活动使用的操作材料并不需要儿童非常集中注意力,如沙水游戏、桌面游戏、手工制作等。这些活动给了儿童安全感,让他们可以利用这些活动作为掩护来观察别人正在做什么。有时,儿童对活动实在太熟悉了,比如,多次拼搭同一个乐高模型,所以做起来轻而易举。这时,他们就会开始神游,想想家里发生的事、可爱的宠物、即将举行的生日聚会。不能和

> 互动还是干扰？

儿童正在进行的对话保持同频的教师经常提出一些不恰当或不相干的评论或者问题（见转录9.5和转录9.6），儿童就不得不中断自己的思考来尝试理解教师问的问题。因为问题是不恰当的，儿童也不能给出令教师满意的答案。这样不符合任何一方需要的互动让儿童和教师都感到沮丧。

> 带着预设的目标观察儿童活动的教师很可能不会成功地和儿童的真正想法同频。

即使教师在观察和倾听儿童，他们仍然很容易从自己的需要出发，而不是从儿童的需要出发，因此容易忽视所看到和听到的内容。在一个由教师或者儿童发起的学习情境中，如果教师的心里已经有了一个预设的答案，那么当儿童的反应和教师的想法不符时，教师往往会对这些儿童的反应充耳不闻（见转录6.2和转录9.1）。

倾听儿童是对儿童的一种尊重（Lancaster & Kirby, 2010），表明教师关心儿童的想法和感受，这确保教师在互动中有正确的起点，因为互动基于儿童的想法，儿童的想法没有被教师忽略。

瑞吉欧·艾米利亚的教育者提出了"倾听教学法"的基本原则。

- 倾听是对将我们和他人联系在一起的模式保持敏感；抛弃自己固有的想法，并确信我们的认知和我们自己仅是将宇宙维系在一起的、广阔而又综合的知识体系中的一小部分。
- 倾听是一种隐喻，是对倾听他人和被他人倾听秉持开放、敏感的态度——不仅用耳朵倾听，还要用其他的感官来听。
- 倾听是一种长时间的停顿和沉默，是一种内部时间。
- 倾听是一种行为，其背后总会伴随着一种情绪，通常是好奇、渴望、怀疑、感兴趣。
- 倾听是用开放的态度对分歧表示欢迎，认识到他人的观点和阐释是有价值的。
- 倾听是一个主动形式的动词，它包括阐释、赋予信息意义，以及

第 5 章　与儿童同频

重视提供信息的人。
- 倾听要求我们用开放的态度面对变化，清楚地认识到未知的价值。
- 倾听是所有学习关系的前提——学习，由"学习的主体"决定，通过具体行动和反思在其脑海里成形，在表征和交流的过程中成为知识和技能。

（瑞吉欧儿童，2001，pp. 80-81）

共同建构

如果教师参与儿童的学习过程，那么他们会更容易地与儿童同频。每天都陪伴儿童的教师更有可能想到是什么引发了一段游戏情节、一次调查或者探索。这将帮助教师分析儿童为什么在学习中遇到困难，又应该如何帮助他们克服它。当然这样做的前提依然是教师尝试让自己与儿童同频。如果我们把儿童看作有能力、主动的学习者，相信他们会通过不断地亲身体验来积极构建自己的意义体系，那么教师也应该积极构建自己对儿童及其思维的认识体系。

希拉杰等人（2002）扩展了持续性共享思维的概念，认为"双方共同参与"是实现持续性共享思维的必要条件，即教师和儿童共同建构认知体系，"学习是一个不断反思、共同建构的过程，参与的每一方都要尝试理解他人"（p. 34）。玛格丽特·唐纳森在她的著作《儿童的思维》（*Children's Minds*，Margaret Donaldson，1987）中写道，"为了使谈话顺利进行，每个参与者都需要努力理解对方知道什么、不知道什么、哪些内容是为了实现谈话的目的、哪些内容是为了实现谈话的乐趣"（p. 18）。然而，儿童发展规律告诉我们，只有 18 个月大的儿童很可能过于以自我为中心，以至于不知道或不关心别人知道什么、想知道什么或需要知道什么，这种现象即使是在和 4 岁的儿童互动时也常常发生。因此，只能依靠教师一方追随儿童的思维，通过专注地倾听和巧妙地评论维持与儿童的对话，以此支持儿童的学习。我们已经看到，教师有时很容易因为自己的目标打断儿童的学习，这种情况下，儿童原来的思路被打断，教师代替儿童变成对话的主导者（见转录 6.2）。这会导致儿童在互动中参与度不高，同时失去本可能发生的学习机会。有时，教师在介入之前可能没有花足够的时间等待、观察和思考，导致他们所说的与当时儿童所想的无关（见转录 5.2）。这很容易让儿童感到困惑，同时因为自己的学习兴致被破坏而感到沮丧。

共同建构的前提是双方有相似的目标，特别是在儿童主导的学习中（见第 6 章），教师要做的是与儿童的目标保持一致，正如玛丽昂·道林（Marion Dowling, 2013, p. 15）所指出的，"要跟随他们的学习线索"。共同建构的前提是没有唯一正确的答案（教师的答案），教师和儿童可以积极探索不同的解决方案，尝试多种可能性。"共同"意味着平等的伙伴关系，尽管教师可能有更多的经验，但教师和儿童依然是平等的参与者，共同努力以实现令双方都感到满意的学习成果。即使生活经历赋予了一方更多的专业知识，但这一方仍然需要与对方同频，通过理解对方的感受来思考如何最好地支持他们的发展。"共同"不意味着双方在知识、经验、技能上是相同的；相反，他们之间的关系应该是充分互惠的，他们基于对方的观点进行思考并且不断拓展彼此的想法和认识。

对儿童着迷

最后，为了和儿童同频，教师必须对儿童着迷。虽然这一点似乎不用多说，但我的一些观察结果确实非常清楚地表明，教师对与他们互动的儿童不够着迷。很明显，教师的注意力没有充分集中在儿童身上，无法达到有效互动所需的同步性。有时，在儿童与他们交谈之前，教师就会显得急不可耐，这说明教师并没有试图在他们想谈论的话题和儿童想谈论的话题之间建立联系。等待、观察、思考（见第 6 章）是一项耗时的工作，它要求教师愿意并且能够去自我中心（Donaldson，1987），把儿童放在中心位置，而不是把自己、自己的目标、想要的结果放在中心位置。

在牛津郡项目的录像中，有一些证据表明某些情况下，比起实现儿童的目标，教师的目标被放在了更重要的位置。录像显示教师更感兴趣的是在评估表上打钩，而不是回应儿童发起的对话。教师执着于在某个特定的时间完成给儿童喂食、换尿布的任务，完全无视婴儿的哭声。对儿童着迷意味着认为儿童及其想法以及自己和儿童的对话（包括口头和非口头的）比其他任何事情都更为重要。当教师对儿童不感兴趣时，他们不会花时间理解儿童及其想法和感受。在繁忙的早期教育机构中，总会有"别的事情"要做，但对儿童着迷的教师会选择停下来，坐下来，听听儿童的想法或者问题，并且觉得儿童的想法实在太有趣了，不应该被忽视。

儿童的一百种语言

瑞吉欧·艾米利亚幼儿教育模式的创办者和建设者洛里斯·马拉古奇（Loris Malaguzzi），相信儿童会尝试用无数种不同的方式告诉我们他们知道什么、喜欢什么、可以做什么。他说儿童有"一百种语言（以及一百种的百倍再百倍）"，但是很多情况下，"他们（教师）偷走了九十九种……他们告诉儿童，一百并不在那里"。你如果还不熟悉马拉古奇的这首小诗《儿童的一百种语言》（The Hundred Languages of Children），那么花一点时间读一读并且想一想，你是否接受儿童的这一百种"语言"。

◇ 互动还是干扰？

儿童的一百种语言

儿童
是由一百种组成的。
儿童有
一百种语言，
一百只手，
一百个想法，
一百种思考、游戏、说话的方式。
一百种，总是一百种倾听、惊喜和爱的方式，
一百种歌唱与了解的喜悦。
一百种世界，
等着儿童去发掘；
一百种世界，
等着儿童去梦想。
儿童有
一百种语言（以及一百种的百倍再百倍），

但是他们偷走了九十九种。
学校和文化，
把脑袋与身体分开。
他们告诉儿童：
不要用双手去想，
不要用脑袋去做，
只要倾听不要说话，
了解但毫无喜悦，

第 5 章　与儿童同频

只要在复活节与圣诞节的时候，

才去爱和惊喜。

他们告诉儿童：

去发现早已存在的世界，

而一百种当中

他们偷走了九十九种。

他们告诉儿童：

工作与游戏、

真实与幻想、

科学与想象、

天空与大地、

理由与梦想，

不属于一类。

因此他们告诉儿童，

一百种并不在那里。

儿童说：

不，一百种是在那里。

了解儿童在想什么比只是看他们在做什么更有价值

当观察儿童、倾听他们的想法、回应他们时，我们会更加清楚地了解他们对事物的认识、引起他们兴趣的因素、导致他们误解的原因。牛津郡成人-儿童互动研究项目的教师们发现，通过观察、共建、积极倾听等方式，将关注点从儿童的活动转移到儿童的思维上，是非常有价值的。项目参与者总结了一句简单的提示语"看脸不看手"。这样，关注点就从儿童的活动转移到

> 看脸不看手！

> 互动还是干扰？

儿童的思维：他们是否在参与、关注点在哪里、是否在（与自己或他人）交谈、在谈论什么。这听上去很简单，但事实上很明显，没有人能真正知道别人在想什么。这无疑是有效互动和沟通的核心：对他人的想法进行合理揣测。无论与伴侣、同事还是儿童互动，我们都只能尽力弄清楚他们在想什么，他们为什么这么想。"看脸不看手"提醒教师，儿童的活动不一定能反映儿童的想法。儿童对某些活动已经非常熟悉了，因此他们随心所欲地一边参与活动，一边思考别的事情。因此，如果教师认为儿童是在思考手头的工作，那么他们和儿童交谈的时候通常会发现儿童一脸茫然，因为教师谈论的东西与儿童当时所想的东西相去甚远（见转录9.4）。通过与儿童同频，教师可以找到正确的谈话主题，跟随儿童的思路，并用适当的方式回应儿童，帮助儿童保持学习的动力。

是否互动及何时互动是区分互动与干扰的两大要素

通过关注儿童的思考，教师能够判断儿童是否需要支持以及应该何时支持儿童。如前文所述，关注儿童的想法而不仅仅是他们的行动可以帮助教师确定儿童的参与程度，对于后续干预的有效性具有重大影响。随着对这一问题的进一步探讨，牛津郡项目的参与者清楚地认识到，儿童的活动参与度会极大地左右教师是否与儿童互动，以及这种互动会起促进作用还是干扰作用。

> 当儿童认真思考手头的工作时，他们并不总是有足够的精力同时和教师对话。

比利时经验教育研究中心主任费雷·莱弗斯通过研究儿童参与的重要性，设计了勒文学前儿童参与量表［Leuven Involvement Scale（LIS）for Young Children, Ferre Laevers, 1994］。LIS 是一个 5 分制的评价量表，其中 1 级代表"没有活动发生"，5 级代表有"持续且投入的活动"。莱

第 5 章 与儿童同频

弗斯认为，参与源自探索的欲望、了解世界运行规律的渴望、内心对人和事的好奇心（2005，p. 5）。当儿童持续且投入地参与学习时，教师很容易认为干预儿童的活动可以在某种程度上增强儿童的体验，使之更加有益。当儿童正全神贯注地努力实现一个目标时，教师很自然地想加入其中，分享他们学习的兴奋感。然而，布鲁纳（1980）提醒我们，当儿童认真思考手头的工作时，他们并不总是有足够的精力同时和教师对话。有时，集中注意力意味着儿童将所有的精力都放在思考他们想弄明白的东西上，因此教师任何形式的干预都会变成干扰。为了回应教师的问题或评论，儿童必须停下正在做的事情，从深层次的思考中"抽离出来"，回应教师的问题或评论。即使是最普通的问题——"你在干什么"也会导致儿童不得不停下手头的工作！然而，也有一些时候，儿童因为积极参与活动，而想要和教师分享他们正在做的事情或他们的发现。当儿童主动发起对话时，后续的任何互动对儿童来说都更有可能是相关且有帮助的，和教师的对话将促进而不是干扰他们的注意和思维过程。

● ● ● ● ● ● **分析你的实践** ● ● ● ● ● ●

牛津郡的教师分析了他们与儿童同频的方法，并总结了有效实践的以下特点。

教师与儿童同频时互动的特点

» 教师温柔而专注地观察和倾听。
» 教师停下脚步，决定如何、何时以及是否进行干预。
» 教师发起的对话基于儿童的想法，而不（一定）是他们的动作。
» 儿童对教师说的话感兴趣，而不是感到惊讶或恼怒。
» 即使儿童的思维转向了不可预知的方向，教师也会追随儿童的

互动还是干扰？

想法。

» 儿童和教师显然都从互动中获得了一些积极经验。

教师未与儿童同频时互动的特点

» 儿童的思维、活动被教师发起的谈话打断。

» 儿童被教师的问题或评论弄得不知所措。

» 儿童因教师的干预而感到苦恼或沮丧。

» 教师提出的问题超出儿童的理解能力，或与其无关。

» 谈话不符合教师或儿童的目的。

» 儿童（也可能是教师）希望尽快结束互动。

 转录 5.1　葆拉和休的独轮车

休是一个善于表达的孩子，他现在 2 岁 11 个月，他在托儿所的户外玩手推车。休把手推车翻过来，然后跑到室内找他的关键人葆拉，告诉她他的手推车不走了。葆拉跟着他来到户外。

C：轮子……前面的轮子不动了。

A：什么？

C：前面的轮子不动了。

A：前面的轮子不动了？我们看看是什么问题。

C：嗯。（休点了点头，把葆拉领到他放手推车的地方，休蹲在手推车旁边，葆拉跪在他旁边）

A：你能试着推一下看看吗？（休推着手推车向前走，期待地看着葆拉）

A：啊。现在行了吗？

C：（休将头探向手推车下面）是的……哦，不，不行。

A：啊。我告诉你我们能做什么。你能把它翻过来吗？（她用手演示

第 5 章　与儿童同频

"翻过来"的动作，休也这么做了）有时候，当机械师看东西的时候……

C：嗯。

A：……他们会爬到下面（再次使用手势），或者他们有一个特殊的坑，这样他们就可以站在下面看机器是否能正常工作。（她转动手推车的轮子，看它是否能顺利转动）你觉得怎么样，休？可以了吗？

C：不行。

A：不行？有什么问题吗？

C：里面有些东西让它走不了。

A：嗯……

C：当你推它的时候它就走了，当你拖它的时候它就不走了。

A：啊，所以……

C：……就是这个不能走，然后它向前转了一下，那些轮子转了，然后我转这个，它就不动了。

A：所以当你推它的时候（做手势），它就走了，如果你拖它，它就不走了？

C：是的。

A：哦，我们试一下好吗？

C：好的。（跳起来）

A：我们试试好吗？哦，那么……你能帮我推一下吗？（休这样做了）让我们看看那个轮子。是的，它确实不太好转，所以当你推它的时候会比较好……（休又把手推车翻过来了）好的，可以了吗？

C：不行。

A：不行？还是有问题吗？

C：是的。（他试图转动卡在地上的轮子）

A：啊。

C：看……动不了。

互动还是干扰？

A：这是为什么呢？是什么让它动不了呢？

C：下面。

A：啊哈，它碰到地了（做手势），不是吗，然后就停下不动了。看，现在有一点距离……（做手势）

C：简单！（休把手推车翻过来，这样轮子就在空中了）

A：哇！它能走吗……那样的话能走吗？

C：不行。

A：不行？试一下，看看那个轮子能不能转。（休去推那辆仍然倒着的手推车，葆拉笑了）噢，手推车不动是吗！为什么呢？

C：颠倒了！

分析

这段文字记录体现出教师和儿童在彼此的陪伴下感到放松的重要性，并展示了教师与幼儿同频的技巧。休相信教师会倾听并尊重他的想法。葆拉通过肢体语言和语调，表明她正在积极地关注他，并且愿意专注于他的事情。葆拉抓住机会评论休在做什么、说什么，重复休的话以确保自己正确地理解了休的意思。葆拉运用多种策略成功地和休的想法保持同频。在整个互动过程中，她非常仔细地倾听并专注地看着休，这样休就知道葆拉在关注他。同时，葆拉也注意到休给出的许多线索，例如，"所以当你推它的时候（做手势），它就走了，如果你拖它，它就不走了？"葆拉澄清了休的想法，鼓励他检验自己的想法，并用手势帮助休理解她说的话。葆拉并没有因为休一再回答"不行"而沮丧，而是认真对待休的回答，坚持不懈，直到他们在休的问题上达成双方都满意的结论。

问问你自己：儿童从中获得了什么？

可以参考第3章转录文字后的"儿童获得了什么"中的内容。

转录5.2　玛莎、刘易斯和电路

幼儿园里，一些儿童一直尝试用连接电路等不同的方法点亮节日里的南瓜灯。现在很多儿童离开了桌子，但是刘易斯，一个年龄较小的（夏天出生）男孩，被忽明忽暗的灯泡吸引住了。他走到教师玛莎所在的桌子旁边。

A：刘易斯，你想看这个吗？

C：是的。

A：（教师拿起连接线）我们来看一看。这里有个灯泡……我们把它和电池连在一起，看。如果你换一种方式连接……看……这儿，如果你摸这儿。摸一下这里，看看灯泡怎么了（他看着）。当你把它们断开的时候……

C：关掉了。

A：关掉了。当你把它们断开的时候……

C：关掉。

A：现在我想知道这是为什么。

C：（他看着她，点了点头）

A：刘易斯，我想知道，当你把连接线断开的时候，为什么它就被关掉了？（他没有回答）为什么会这样呢？

C：嗯……因为它真的很难过。

A：因为，哦，因为它真的很难过（刘易斯继续重复点灯熄灯的动作）。当你关掉家里的电灯开关时会发生什么呢？

C：（刘易斯看着她）嗯……很糟糕（他们一起笑了）。

A：当你……你在家里打开电灯开关时，灯就……

C：（他看着她的嘴，他的嘴像她那样变成了"O"形）O—o。

A：开了（On）。

互动还是干扰？

C：开了。

A：当你再按一下的时候（刘易斯低头看了看手中的电池），灯就 o——o（他又看了看她的嘴）。

C：关了（Off）。

A：和这个有点像（她拿着电池和连接线给他演示）。所以它开了，然后关了。开……然后……关。你能打开它，然后再关掉吗？

C：能。

A：试试吧。

C：（他笑着把电池和连接线拿回来）

A：开……关，开……关，开……关，开……关，看到了吗？你觉得怎么样？

C：太神奇了！

A：嗯，我想知道，我想知道是什么原因造成的……我知道当你连上电池时，它会亮起来，但为什么会这样呢？是什么让它起作用的？

C：（刘易斯没有抬头看）是的，确实是这样（他放下电池）。

A：刘易斯，你现在打算做什么？（他离开了）

分析

刘易斯被电池和灯泡吸引，他想要玩这个，把灯泡打开再关上，他可能需要教师的帮助才能做到这一点，但教师却试图给他上一堂电路课。他被问的问题太复杂了，因此他无法理解或回答（例如，"我知道当你连上电池时，它会亮起来，但为什么会这样呢？是什么让它起作用的？"）。他尽最大努力理解教师的问题，而教师忽略了一些有趣的答案（例如，"它真的很难过"），因为她已经预设好了她想要知道的答案。刘易斯也专注地注视着教师的脸，寻找她想要的答案的线索。例如：

A：当你……你在家里打开电灯开关时，灯就……

C:（他看着她的嘴，他的嘴像她那样变成了"O"形）O—o。

A：开了（On）。

他知道，不管正确答案是什么，一定以"O"开头，教师所问的问题和她所期望的理解水平，都表明她没有和刘易斯真正感兴趣的东西或者他的理解水平保持同频。

问问你自己：儿童从中获得了什么？

可以参考第 3 章转录文字后的"儿童获得了什么"中的内容。

总　　结

本章关注的是教师如何有效地和婴幼儿保持同频，花些时间和精力在这个问题上可以帮助教师明确互动和干扰的区别。教师需要判断正确的时间和正确的方式，如果没有花时间弄清楚儿童在想什么、关注什么，就很可能阻碍儿童的学习。下一章将讨论教师主导的互动和儿童主导的互动之间的区别。

自我反思

1. 我有没有花时间观察、倾听儿童，让自己与儿童同频？
2. 通过将注意力集中在儿童的"思维"而不是"动作"上，我可以得到什么？
3. 等儿童的活动参与度下降时再介入，互动的质量有提高吗？
4. 我通常能选择合适的互动时机，还是有时会干扰儿童的学习？

第6章

谁在主导学习

"儿童主导的学习和教师主导的学习不是竞争关系。对儿童来说,缺少其中任何一种形式的学习都会导致学习经验不足。"

早期基础阶段(DfE,2012b:para. 19.9)指出,在每个学习和发展领域,由教师主导和儿童主导的"混合活动模式"都是必要的。然而,这种"混合活动模式"应该如何实施却没有得到明确的说明。事实上,要做到这一点是非常困难的,因为什么是适当的混合活动模式取决于许多因素,包括儿童的年龄和教师的目标。然而,最重要的因素可能是教师需要充分意识到教师主导和儿童主导的活动的目的是不同的。因此,为了确定这两个术语的含义,本章试图澄清教师主导的学习和儿童主导的学习之间的区别,以及两者各自的优缺点是什么。

牛津郡成人-儿童互动研究项目表明,主导学习的主体会极大影响互动的性质,特别是当互动对象是3岁以上的儿童时。如果由儿童发起互动并由儿童决定学习的结果,教师就应该通过互动支持儿童的学习。如果由教师发起互动,那么教师就有理由将学习引向他期望的学习结果,这一点会直接影响教师和儿童互动的方式。必须说明的是,这两种学习模

◯ 互动还是干扰？

式都对儿童的学习和发展有着重要的价值。

聚焦于婴儿和学步儿

从出生起，婴儿就开始探索周围的世界。他会运用所有的感官，通过所见、所闻、所感构建一个关于世界运行方式的内在模型。他一丝不苟地探索新的事物，并把它们与他已经认识的东西相对照。与环境的互动为婴儿的学习创造了丰富的契机。当然，儿童的个人世界是不可能独立于社会生活的。教师常常用温柔而关切的语调说："看看这个！千万别错过。"儿童生活在一个由他们生活中的重要人物——父母、兄弟姐妹和更广泛的社区成员所组成的世界里，因此社会经历影响儿童的个人经历，增加了儿童学习和发展的可能性。

婴儿生来就具有强大的学习能力。他们对生活中最普通的事物或事件感到兴奋，被探索和发现的冲动驱使，且很少被遇到的困难吓倒。婴儿沉迷于提出自己关于事物的假设，并通过实际操作、社会互动、提出问题、测试想法和完善思维过程来尝试验证假设。当某些事物、事件或人挑战了婴儿正在构建的工作模型时，他将被迫调整模型以适应新的信息。在生命的最初几个月里，婴儿经历了无数次这样的体验，新的经验不断重塑和扩展他对世界的认识。

在婴儿对新的技能和知识的永无止境的追求中，教师的任务是鼓励和支持他作为一名学习者的内在动机。这通常意味着教师需要跟随婴儿的脚步，关注他感兴趣的事物，评论他正在注意的东西，关心他正在表达的情感。当然，教师也需要引导婴儿关注一些他们自己注意不到的东西，因为这些经验超出了婴儿目前个人能力的极限。如果没有细心的教师，婴儿可能会错过许多东西，而更有经验的人可以帮助他们认识这些事物。婴儿的成长同时需要两种经验：一方面他们需要有时间和机会以自己的方式、步调探索周围的世界；另一方面他们需要更有知识和经验的其他人帮助他们关注世界的另外一面。

独立学习和与教师一起学习的优点

当你决定"谁应该主导学习"时，了解独立学习和与教师一起学习的不同优点是很有帮助的。很多人仍然认为，独立学习的儿童被忽略了，并且认为这会导致他们的经验存在一定程度的不足。这种想法实在是太离谱了，确实有时与教师一起学习非常有效，但有时教师反而会妨碍儿童学习他们真正需要的东西。这两种不同情境中的学习，其优点可以总结如下。

与教师一起学习

- 聚焦——教师提供有限的可能性，让儿童专注于一两个特定的目标。
- 榜样——教师通过语言和行为（如倾听、轮流）进行示范，儿童最终将模仿这些行为。
- 鹰架——通过与儿童在一起，教师可以在适当的时间给予儿童适度的支持，帮助儿童继续学习或巩固已有经验。
- 鼓励——教师给予儿童安慰和肯定，从而使儿童保持专注、坚持和学习的动力。

互动还是干扰？

独立学习

- 儿童说话更多。
- 儿童靠自己解决问题，因为没有教师在身边随时准备帮助他们。
- 儿童比教师在旁观察或帮助时更愿意冒险，也更愿意尝试错误。
- 儿童愿意合作，并且不断学习如何与他人合作。
- 儿童倾向于学习更长时间，因为学习源于自己的想法。
- 儿童不只关注某一方面并（有时）刻意地割裂事物之间的关系，而是跨越学科，积极利用已有知识进行学习。

这两种学习情境显然都对儿童有好处。教师提供的支持是非常具体和有针对性的，儿童能够通过更有经验的教师接触到新的知识或技能。当儿童独立学习时，他们会试验他们所知道的东西和尝试模仿教师，从而使这些内化成他们自己的一部分。没有教师的学习不意味着匮乏，当儿童独立学习时，他们能够练习一些重要的生活技能，这些技能将支持他们的社会性发展，并在家庭、学校、未来的工作和与他人的关系中发挥作用。

与教师一起学习和独立学习不仅对儿童有价值，对教师来说也有很大的价值。和儿童一起学习时，教师获得了第一手经验，他们能够清楚地知道儿童是如何学习的、哪里可能会遇到困难或产生误解。当儿童独立学习时，教师有时间观察儿童在没有帮助的情况下能独自做到什么、仍然需要哪些支持或鼓励。在这两种情况下，观察和评估儿童对教师来说都是至关重要的。如果只在教师主导的情况下对儿童进行评估，那么某个儿童将持续获得"成功"，其他儿童可能会反复被视为有学习困难。通常，与教师一起学习时表现最好的是那些语言发展更好、社交能力更强的儿童。但事实上，当独自学习时，他们并不一定能做得很好，他们可能过于依赖教师的安慰和赞扬，而缺乏内在的动力，不能依靠内驱力取得成就。类似地，在有教师参与的小组学习中出现问题的儿童，如果任由他们以自己的方式解决问题，他们反而不会感到有压力，因为他们不需迎合教师，因此可能会表现得更加积极。在教师主导的小组中很难集中精力并且做出回应的儿童可能就是那个在另一个时间点里发起、组织和主导学习的人。总之，与教师一起学习和独立学习对儿童和教师都有价值。

独立学习不是放任的学习

虽然很多有关独立学习的能力在教师主导的学习模式下很难培养，但决不能认为教师在这种情况下没有任何作用。独立学习不是放任的学习。无论是在教师发起的活动中，还是在由儿童发起的活动中，如果儿童正在独立学习，那么教师仍然需要关注正在进行的学习过程。儿童需要知道，在教室里发生的每件事对教师和他们自己来说都是有价值的。如果教师倾向于教师主导的学习，常常忽视儿童的自主学习，那么儿童将很快失去注意力和兴趣，自主学习将缺乏深度和持久性。当然，不管教师是否参与，儿童都有能力长时间游戏，但是大多数儿童喜欢有观众，他们欢迎那些对他们所做的事感兴趣，并可能加入进来的教师（见转录 4.2）。

教师主导、教师发起以及儿童主导的学习之间的区别

通过概述以前的文章（Fisher, 2013），可以认为在高质量的早期教育机构中，学习主要在三种情境下发生（见图 6.1）。不同研究者命名这三种情境的方式可能有所不同，但重要的是，要明确学习和教学在这三种不同情境下的差异。

互动还是干扰?

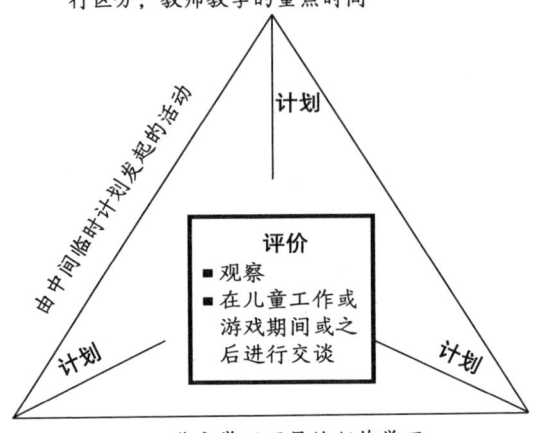

图 6.1　学习的三种情境

教师主导的学习

教师有预设的目标，并在学习的整个过程中都和儿童在一起。

教师发起的学习

教师根据预设的目标提供学习材料、创设学习情境，儿童可以独立活动，直到教师准备好进行互动或观察。

儿童主导的学习

活动材料、活动内容和活动结果都由儿童自己决定（见 DCSF，2009）。教师可以直接参与，也可以不直接参与。

教师主导、教师发起以及儿童主导的互动

牛津郡成人-儿童互动研究项目分析了这三种不同学习情境下的师幼

第 6 章　谁在主导学习

互动，结果非常清楚地表明，教师的角色不仅需要根据儿童的需要而改变，还需要根据谁来主导（或谁应该主导）学习而改变。

教师主导的学习

在教师主导的学习情境下，教师明确知道他们想要达成的目标。他们通过考虑儿童的已有经验、早期基础阶段的教育建议来精心设计活动，并引导儿童实现预设的目标。他们给出建议，提出问题，告知儿童事物的名称或事物运行的机制。在教师主导的情境中，不管教师对儿童的想法和思考过程多么积极地回应和敏感，最终都是教师控制着学习的方向和结果（见转录 6.1）。

教师发起的学习

在教师发起的学习情境下，教师计划的活动带有明确的目的。在决定活动目标是巩固已有的学习成果还是探索新的学习内容时，教师会结合对儿童个体的了解以及对他们过去学习情况的评估来设置活动（如在水箱中放入泡状物或容器）。当教师准备好活动后，他们会离开儿童一段时间，以便儿童能够独立学习。在教师离开的这段时间里，儿童可以不按照计划行事。当教师回到儿童的身边时，他们应该欣赏儿童的探究过程，并尝试了解儿童学习了什么。教师需要问自己（不是儿童）：

"儿童在学习或练习我认为他要做的事情吗？"

"如果没有，他对什么感兴趣？他学习了什么？"

"干预会推动活动进程，还是只是一种干扰呢？"（见转录 6.3）

通过观察儿童的行为、澄清儿童的想法，教师可以做出决定，是将儿童引导回原来计划好的轨道上，还是追随儿童的想法。教师还可以以此决定是否和儿童互动，或者如果干预，是否会削弱儿童的学习动力。仅仅待在儿童身边并且表现出对儿童的关注，就可以让儿童知道教师对他们的学习感兴趣，这时教师可以判断此时进行互动会促进学习还是干扰学习。在教师发起的学习情境下，教师和儿童共同掌控学习：由教师发起，然后由儿童执行。

儿童主导的学习

在儿童主导的学习活动中，教师常常不清楚儿童想要做什么或者他们创设了一个什么情境。儿童主导的学习往往是自发的，而且学习的进程多数情况下是无法预测的，因此教师必须等待和观察，然后决定是否干预，以及何时干预。为了支持教师敏感地对待儿童的游戏，建议使用"等待、观察、思考"（Wait, Watch and Wonder）三步法。

"*等待*"提醒教师在开始时按兵不动，意味着教师尊重已经开始的活动和学习，不会破坏儿童的想法，不会提出无效的问题打断儿童的活动，也意味着儿童有机会主动让教师加入进来，例如，"你可以做我们的顾客""你可以帮我扶着这座塔吗"（不管他们是直接说还是用手势）。因为教师的密切关注，对话通常会自然而然地发生，由此创造出自然而又真实的机会让教师可以回应儿童的想法。

"*观察*"（包括第 5 章提到的积极倾听）提醒教师，儿童正在做的并不一定是他们正在想的。"观察"意味着教师注意到不同儿童之间的互动，并判断他们是否需要支持，也意味着教师知道谁是活动的主导者而谁是追随者，还意味着教师能更好地理解儿童活动的内容和目的，以及他们的活动参与度，这能够帮助教师决定干预儿童活动的最佳时机。

"*思考*"提醒教师思考儿童的目标是什么，或者能做些什么推动儿童更深入地探索。"思考"意味着教师专注于儿童的学习，通过问自己"儿童在干什么""他们为什么会这么做"来理解儿童活动的目的和方向。通过仔细思考，教师可能会得出和自己原来所想的完全不同的答案。"思考"

第6章 谁在主导学习

要求教师分析干预是否会改善学习效果,或者活动进行得很顺利不需要任何干预。

"等待、观察、思考"指的是敏感的早期教育工作者花时间了解儿童。在儿童主导的情境中,应该由儿童掌控学习,而教师的角色是根据儿童的

> 面对儿童独立进行的活动,有效的方法是等待、观察、思考!

需要支持儿童的学习。聚焦儿童的想法并不意味着采用说教的方式。同样,追随儿童的想法也不意味着教师不能讲解或示范。有效的教师在任何情况下都会使用一系列有效的策略。互动的有效性取决于教师是否清楚互动的目的,以及应该满足谁的需要。

互动的目的

正如我们所看到的,教师主导的学习与儿童主导的学习对儿童和教师都有价值。但是,由定义可知,它们一个是基于儿童的目的(儿童主导的学习),另一个是基于教师的目的(教师主导的学习)——当然,教师的目的也是使儿童受益。互动的性质受到活动类型(是儿童主导的还是教师主导的)的影响,因为活动类型决定了儿童是否有权力掌控活动的方向。互动的目的、意图、方向决定了教师的任务,是让儿童专注于预设的学习目标,还是追随儿童自己决定的学习方向。

如果教师完全用教师主导的方式对待儿童主导的活动,那么他们所用的方法很可能会完全无效。教师可能总是没办法让儿童朝教师的目标努力,因此永远无法实现预设的目标(毕竟,如果大部分儿童不愿意努力达成教师的目标,那么计划教师主导的活动是没有意义的)。在儿童主导的情境中,教师可能会因为自己的目标,而试图过度引导儿童放弃自己的想法。区分互动服务于谁的目的,意味着教师可以更清楚地了解互动

的方向，以及他们可以和应该在多大程度上干预其结果。

> 教师主导的学习：教师聚焦儿童的想法。
> 教师发起的学习：教师揣摩儿童的想法。
> 儿童主导的学习：教师追随儿童的想法。

平衡教师主导的学习和儿童主导的学习

虽然教师主导的学习和儿童主导的学习都有价值，但在这两者之间找到适当的平衡点，使教师承受了沉重的负担。英国幼儿园的传统是以儿童为中心，这也是英国许多优秀的教育实践案例的思想基础。早年的先驱者重视"儿童发起"和"儿童主导"的活动，以及由此产生的"内在学习动机"。福禄贝尔特别清楚地区分了儿童实现自己的冲动或愿望的活动和儿童响应教师的建议或指示的活动（Hughes，1923）。玛丽亚·蒙台梭利在其著作《发现孩子》[1]的序言中说："即使是非常小的儿童，教育的目的也不是让他为上学做好准备，而是为生活做好准备。"这一说法与英国政府最近提出的"早期基础阶段"（DfE，2012）形成鲜明对比，该文件中写道："提高教学质量以确保儿童做好入学准备。"（p. 2）

英国的政府官员越来越确信早期教育的重要性。这一认识最初是由于投资早期教育似乎会节约后期的经济成本（Schweinhart et al.，1993），研究者的追踪研究也证明了早期教育对日后学习成功的重要性（Sylva et al.，2004）。令人遗憾的是，政策制定者没有充分认识到游戏的价值以及儿童独立探索和发现世界的价值。因此，早期教育者面临着越来越大的压力，

---

[1] 该书的简体中文版由浙江教育出版社于2016年出版。——译者注

需要引入更多教师主导的学习模式,特别是在读写方面,许多教师表示儿童太小了,根本无法达到相应的要求(House,2011)。英国的许多儿童认为自己是失败者,因为他们无法实现别人设定的目标,但事实上,他们这个年龄应该自己设定大多数的目标。不能实现外部强加的而且往往是不切实际的目标,使许多儿童丧失了信心和自尊,而这恰恰是早期学习的基石(Fishe,2002;Roberts,2002;Dowling,2010)。儿童之所以失败,不是因为他们做不到,也不是因为教师教导无效,而是因为政策制定者要求的任务超出了儿童的认知能力。

2007年,英国国家评估机构发布了关于"基础阶段文件"(Foundation Stage Profile,FSP)完成情况的指导意见(所有四五岁儿童被要求在最后一个学期接受评估),指出:

教师在对照文件对儿童进行发展评估时,80%的证据应该来自对儿童的了解以及日常的观察记录和轶事记录,来自教师主导的活动或基于目标进行评价的证据不得超过20%。

通过指出早期发展评价应该在儿童主导的活动过程中进行,暗示了早期教育机构中大部分的时间应该花在儿童主导的活动上,而不是教师主导的活动上。然而,很明显,这几年评价已经转向了相反的方向。从无数教师针对课程培训的轶事记录来看,课堂实践正强烈受到学校监督机制的影响。教师们说,来考察他们的课堂教学质量的上级领导关注的是教师主导的学习活动。通常,他们希望看到的学习活动不包括下面这种形式(来自政府部门):

"由儿童自主选择,并由儿童主导。儿童自己决定玩什么、怎么玩、玩多久、和谁一起玩。游戏的形式多种多样,但通常都极具创造性、开放性和想象力。它需要玩家的积极参与,并且可以带来巨大的满足感。"

"学习，游戏和互动。"（DCSF，2009，p. 10）

所以教师感到困惑：指导文件仍然认为教师主导的学习和儿童主导的学习都很重要。例如，早期基础阶段文件（DfE，2012）指出：

每个学习领域都必须包括有计划、有目的的游戏活动以及教师主导和儿童发起的活动（para. 1.9）。

它接着说：

教师需要判断是否平衡了儿童主导的活动和教师主导的活动，必须对每个儿童的需求和兴趣做出回应（para. 1.9）。

不过，它又指出：

随着儿童年龄的增长，这种平衡将逐渐转向更多由教师主导的活动（para. 1.9）。

后一种说法在两个层面上具有严重的误导性。首先，这意味着教师主导的学习在某种程度上比儿童主导的学习更可取，而且似乎这是年龄较大、能力更强的儿童所渴望的。然而，正如我们所看到的，教师主导的学习和儿童主导的学习培养的能力是不同的，并且适用于完全不同的尽管是互补的目标。其次，它暗示儿童主导的学习是教师主导的学习的预备，一个是为了引出另一个，一旦教师主导的学习可以进行（因为儿童在发展上更成熟），那么儿童主导的学习就是多余的。当然这两种说法都不是正确的。聪明的教师会意识到，教师主导的学习虽有其独特的价值，但也不能替代儿童主导的学习，两者合一才能带来更好的学习体验。

因此，教师可以（正确地）自行决定教师主导的学习和儿童主导的学习之间的混合。我经常被要求用数字说明如何平衡教师主导的学习和儿

第 6 章 谁在主导学习

童主导的学习，但遗憾的是，并没有这样的公式（尽管我认为国家评估机构的指导意见中提出的 80% 非常有帮助）。找到适当的平衡点取决于许多因素，这些因素会帮助教师自主判断如何组织一日生活才能最大程度地满足儿童的需求。

在任何一种情况下，平衡教师主导的学习和儿童主导的学习可能取决于：

- 教师的经验和信心；
- 儿童在一天中的学习需要；
- 特定群体的学习需要；
- 一周中的哪一天；
- 下午还是晚上；
- 儿童在学习的哪一阶段（探索、游戏还是巩固）；
- 学期的前半段还是后半段；
- 下雨还是刮风。

考虑到"适当的平衡点"太过于依赖具体情况，以下提示可能有助于教师做决定。

- 从出生到 7 岁，平衡好教师主导的学习和儿童主导的学习有益于儿童，也有利于儿童主导的学习。
- 儿童天生就倾向于追随自己的兴趣（Bredekamp，1987），直到 7 岁左右才更易于受别人的影响（这并不意味着他们在此之前不能向别人学习，而是更愿意追随自己的兴趣。他们接受别人的意见是出于自己的选择，而不是由于教师的命令）。
- 三四岁之前，所有的学习都应该由儿童主导或由教师发起（见本章前面的定义）。4 岁前不应引入教师主导的学习，除了故事、歌曲、韵律、分享时间，以及当儿童有一些特别的需要时，比如：

如何正确地拿着锯子、如何在游戏中计数。即使小组形式的教师主导的认知（相对于社会）活动，对儿童来说，在生理上和心理上都太抽象，太有挑战性。

- 如果儿童在一天中有足够的时间和机会遵循自己的兴趣，他们就会更容易接受教师主导的学习活动，并且更好地保持注意力。
- 教师主导的学习仍然需要教师尊重、回应、追随儿童的想法，即使他们最终仍要把注意力转回实现教师的目标上。

谁在主导学习

确定谁在主导学习是教师决定如何回应儿童以及如何与儿童互动的关键。虽然在教师主导、教师发起和儿童主导的情况下使用的许多策略是相似的，但教师在互动中的作用很大程度上取决于是实现自己的目标，还是支持儿童实现他们的目标。如果是教师主导学习，教师就可以回应儿童干扰或偏离活动目标的行为，但最终，如果可能，教师需要让儿童回到预设的学习目标上。如果教师没有这样做，那么预先计划活动就没有什么意义了。确实，预先计划的活动仍然容易因儿童的兴趣而转移，以至于教师和儿童忘记了原本的互动目的，从而因为太多其他的互动而远离预设的活动目标，以至于预设的活动目标最终无法实现。牛津郡的录像材料表明，在很多教师主导的学习活动中，教师往往会忘记预设的目标，失去活动的重点，最终导致混乱而无意义的学习。这在一定程度上是因为早期教育工作者经常过分强调活动的乐趣的重要性。诚然，"有趣"在早期教育中有许多好处，但"包装"有时可能掩盖了实质，教师有时执着于使一项活动令人愉快和兴奋而忽视了学习的目标，混淆了自己真正希望儿童学习的内容（见转录6.1）。

附录 6.1 桑迪的水

学前班上的儿童遇到一个挑战。儿童不在学校的时候，班上的熊（桑迪）需要得到水和食物。教师准备了一桶水、排水沟和塑料管，让儿童想办法把水从桶（在一段台阶的顶部）里送到桑迪（坐在下面的椅子上）跟前。现在，一个男孩正从台阶顶端往管子里注水，另一端有一群女孩站在桑迪旁边。

A：哦，看，看你把管子抬起来的时候发生了什么。

C：（水）出来了！

A：出来了。

C1：嘿，别切它（管子）！它变湿了！

C2：它很高兴。

C1：它在喝水。

C3：我们可以……？

C4：它湿了。

C1：M老师，到了晚上就不行了，因为没人往里面倒东西。

A：啊，贝萨尼刚才说晚上就不行了，因为没人会往里面倒东西。

C5：我要在这里一整晚。

C6：我要在这里一整晚。

A：如果你们不能在这里一整晚呢？

C7：（站着苦苦思索）你也可以留在这里！

A：我可以吗？可是我不想，我想我会觉得太冷了。

C8：但你可以用暖气。

A：每天晚上，直到永远？不，我不想每晚都这样。

C4：请你拿着这个（一些水槽）好吗，T老师？

C1：没有过来……没有过来，没有过来（他们在桑迪旁边等待），在

互动还是干扰？

过来了！

A：你举起它的时候就起作用了，本举起来的时候也起作用了。

C3：我们去倒更多的水进去吧。

C1：越来越湿了！越来越湿了！

C8：我们需要更多的水。

C1：再放些水进去。

A：我们的水用完了吗？

C1：是的。

C5：是的。

A：好的，你要不要把水桶拿过去再接些水，这样就可以继续了？

C8：但是挑战规则上说我们不能再拿更多的水了。

A：为什么呢？

C8：因为挑战规则说不能……把它……把它拿下来。

A：好的……让我们读一下挑战规则，看看我们是否可以接更多的水（她去拿挑战规则）。上面写着，不能拿水桶下去给它喝水，但并不是说不能拿水桶下去接更多的水。

C1：哦。

A：所以这是没问题的。

分析

这是一项有趣的、令人兴奋的户外活动。然而，它显然是由教师主导的。教师设置挑战，并且提供了有限的资源让儿童完成挑战。

每当有儿童说出能强化学习目标的话时，教师都会重复。

C1：M老师，到了晚上就不行了，因为没人往里面倒东西。

A：啊，贝萨尼刚才说晚上就不行了，因为没人会往里面倒东西。

教师心里有一个预期的解决方案。在活动的开头，她说——

A：哦，看，看你把管子抬起来的时候发生了什么。

1分钟后……

A：你举起它的时候就起作用了，本举起来的时候也起作用了。

尽管这对儿童来说是一个"挑战"，但在教师心中只有一个预期的结果，它涉及如何正确地将水倒进管子和排水沟。所有其他解决方案都被否决了。在前25秒的录像中，将问题刚呈现给儿童时，他们实际上已经非常有创意地解决了问题。

C5：我要在这里一整晚。

教师否定了这个想法，因为这不是她期待的解决方案。

A：如果你们不能在这里一整晚呢？

另一个有创意的思考者回答如下。

C7：（站着苦苦思索）你也可以留在这里！

但是这个"解决方案"又一次被否决了。

A：我可以吗？可是我不想，我想我会觉得太冷了。

另一个儿童回答如下。

C8：但你可以用暖气。

教师再一次否定了这个想法。

A：每天晚上，直到永远？不，我不想每晚都这样。

因为挑战来自教师，而且活动是教师主导的，所以教师没有充分"倾听"儿童富有创造性和想象力的解决方案。许多假设和检验假设的机会都被错过了。此外，儿童还不清楚为什么他们的想法会被否决。当教师心中预设了解决方案，就很容易错过儿童所做出的创造性的贡献。到了录像的最后，儿童已经明白了"规则"。他们必须按照挑战规则说的去做，而不是自己解决问题。

C8：但是挑战规则上说我们不能再拿更多的水了。

A：为什么呢？

互动还是干扰？

C8：因为挑战规则说不能……把它……把它拿下来。

教师接着尝试解读挑战规则，使其不会与她的目标冲突。

A：好的……让我们读一下挑战规则，看看我们是否可以接更多的水（她去拿挑战规则）。上面写着，不能拿水桶下去给它喝水，但并不是说不能拿水桶下去接更多的水。

在教师主导的学习中，教师的角色是将儿童的想法聚焦到问题上。但是，并不意味着教师要忽略儿童所提出的一切想法。

问问你自己：儿童从中获得了什么？

可以参考第3章转录文字后的"儿童获得了什么"中的内容。

如果儿童主导学习，那么教师必须抵制任何为了自己的目的而操控学习的诱惑（见转录5.2和转录6.2）。儿童主导学习的目的是遵循自己的兴趣，发挥自己的主动性，了解自己的想法。如果教师混淆了这种学习的目的，他们就可能从儿童手中夺走学习的主导权并为了自己的目的而操纵整个活动。当教师试图干预儿童的学习时，儿童就可能放弃主动性和提出想法，因为他们知道教师最终会从他们的手中夺走两者。这也意味着，儿童主导的、独立的学习所带来的学习态度和倾向将永远得不到蓬勃发展的机会。

转录6.2 塔尼娅的甜甜圈

这是格雷丝当教师的第一个学期，最近她开始探索游戏的实施方法。她最初接受的培训没有教她如何支持和发展游戏，所以她仍在探索游戏的潜力。塔尼娅（C1）和另外四个女孩一直在面团桌旁做"甜甜圈"。索菲和克莱尔把甜甜圈拿给教师，教师立刻尝了尝，并建议把它们放进烤箱。塔尼娅是一个脆弱、缺乏安全感的孩子，语言能力很差，她看到了这次互动，当其他女孩离开时，她把自己的"甜甜圈"拿给教师。

C1：这是你的（把甜甜圈递给老师）。

A：哦，又一个！这次你做了一个更大的，塔尼娅。

C1：是的。

A：是一模一样的吗？它是甜甜圈吗？

C1：是的。

A：但是稍微大一点？

C1：是的。

A：这个是什么形状的？

C1：呃……我不知道。

A：不知道？你没有感觉到它圆形的边吗？（把她的手指在"甜甜圈"的边缘转动）

C1：没有。

A：上面有凹进去的地方吗？

C1：（塔尼娅用手指绕着甜甜圈的边缘，摸到了有凹痕的地方）有。

A：哪里有凹进去的地方？（塔尼娅指着甜甜圈边缘的两个凹痕）是的，没错，那里有个凹进去的地方，很棒（教师把有凹痕的两边压在一起，甜甜圈的边缘变得平滑）。如果我们把这两块捏在一起呢……上面有凹进去的地方吗？

C1：有。

A：哪里有凹进去的地方？（塔尼娅又用手指绕着甜甜圈的边缘摸了一圈）是不是一个圆，没有凹进去的地方？

C1：是……对。

A：所以这是什么形状？

C1：我不知道……像莫莉的……

互动还是干扰?

A：（转向面团桌边的儿童）有人能告诉塔尼娅这是什么形状吗？

C2：是个圆……二维的。

A：一个圆，没错。塔尼娅，你能说一下这个词吗？

C2：二维的。

C1：圆。

C2：二维的。

A：一个圆，好姑娘，是二维的。

C1：你戴了项链（指的是教师脖子上的麦克风）。

A：（现在和 C2 说话）什么是三维的圆？

C2：比如说一个球。

A：比如说球。有一个词……莫莉，你记得那个词吗？以"s"开头。

C2：我觉得我……（塔尼娅转身看了看镜头）我想是圆柱（cylinder）。

A：圆柱，是的……我觉得玛丽安和迈尔斯正在做圆柱（塔尼娅又转过身来看着镜头）。

分析

这次互动一开始由儿童发起，但是后来教师剥夺了儿童的主导权，并把它变成了教师主导的互动。塔尼娅想去教师那里寻求认同和肯定，因为她看到教师与前两个女孩的互动，所以她希望教师也能给予她同样的热情关注。格雷丝不太相信谈论甜甜圈对一年级的教师来说是合适的，因此她认为可以借此机会测试塔尼娅有关形状的名称和特性的知识。塔尼娅无法回答教师关于甜甜圈形状的问题，因此她突然发现自己陷入了被动的境地。她不仅不知道教师想要的形状名称，而且她的甜甜圈——如此贴心地提供——也"不那么好"，无法展现出圆的特性，无法支持教师开展她独断的教学活动。随着塔尼娅越来越不能如教师希望的那样回答问题，我们发现莫莉开始回答问题。莫莉是一个能干的孩子，不仅知道圆，

第6章 谁在主导学习

还知道二维的圆和圆柱体，虽然不是球体（spheres）。这种互动忽略了塔尼娅（她需要一个有技巧的对话伙伴来提高她的语言技能和沟通能力，而不仅仅是关注她的情感需要），教师越来越多地与莫莉交谈，因为显然和莫莉交谈更容易，她知道正确的答案。塔尼娅试图用"你戴了项链"让教师重新注意她，但这种努力又被忽视了，因为教师现在只想待在她的"舒适区"。塔尼娅两次转向镜头，看是否有人在注意她。然而，教师正朝着自己想要达到的目标前进，而不是"听"塔尼娅的话，回应她的需求。

问问你自己：儿童从中获得了什么？

可以参考第3章转录文字后的"儿童获得了什么"中的内容。

分析你的实践

以下是牛津郡教师根据学习的主导者确定的有效实践的特点。

教师主导学习的互动特点

» 教师有明确的、符合儿童年龄特征的、儿童能理解的活动或互动目的。

» 教师明确知道儿童已经了解/可以做什么，而不是推测他们能做什么。

» 教师以不同的方式支持每一个儿童达成学习目标。

» 教师把儿童的注意力集中在要学习的内容上。

» 如果儿童的关注点发生偏离，那么教师会在一段合适的时间后把它引回来，保持学习的重点。

» 教师不会通过设置虚假的挑战或问题使儿童感到困惑。

互动还是干扰？

» 教师确保儿童最初的想法被倾听、尊重并付诸行动。

儿童主导学习的互动特点

» 儿童的活动目的不会被教师左右。
» 如果儿童发起互动，教师会倾听儿童在想什么（而不是做什么）。
» 教师敏感地根据儿童的谈话内容回应儿童。
» 教师追随儿童，不会试图引导他们的思维走向不同的方向。
» 如果儿童不说话，教师不会觉得有必要打破沉默。

 转录 6.3 马特的水箱

班里有一个新的玩水区，由三个不同高度的水箱组成。因为设备是新的，教师把它们按高度从高到低的顺序排列。水箱里有一些不同长度的排水管。水箱旁边是一些高高的小水管，有一个外接的水龙头。马特一直在尝试用水壶把水倒进排水管里。当教师过来看他在做什么时，他告诉教师，他正在努力使水往上走。教师蹲在水箱旁边。

马特在水箱里放了一些小水管，并试图平衡小水管之间的排水管。一小节排水管掉下来，把其他的都打翻了。

A：噢！（他们都笑了）它就像一个弹射器（她拿起它）。我不记得是哪一节了。是这个吗？

C：我想是的，像这样（他拿起另一节并移动它），就像这样……我想。就像……（另一个儿童移动了一节排水管）。不，玛吉，别放在那儿！

A：玛吉，你可以先拿着。

C：我可以（平衡一节）……这一节断了（他举起另一节）。

A：（一直在专心地看着）要我拿着这一节吗？

C：是的。

C2：我的胳膊疼（教师拿着她的那节）。

A：噢，这节很重，是吗？

C：（平衡他最后一节排水管，然后说）但我想我需要移动那一节。

A：这一节？

C：那个（教师站起来拿着他指的那节）只要……嗯……把这个拿下来（她又蹲下来了）……放在这个下面。

A：啊哈，那可能会有帮助，因为现在正在下降。

C：嗯……那我接那一节了。

A：所以……我们要把这一节和这一节连起来？

C：（看了一会儿，然后走来走去，看着每一节排水管）嗯……（看起来很专注）……我想我们可以……我需要把这节移近一点（移动一节还在地上的小水管）。

A：是的，或者你可以把它放到水箱里？

C：（他看了一会儿）是的！（他提起排水管，教师提起小水管，把它放进水箱里，……对……既然我们把它放进去了……如果能平衡……那里……

A：哦，看起来不错，因为现在倾斜了。

C：是的……（另一个男孩拿着另一节排水管）不，里克——我们不需要了！（他把水罐端到水箱底部，把水倒进排水管里）

A：哦，出来了！你做到了！

分析

在这段转录文字中，活动结果的决定者变成了儿童。尽管教师在提供材料时有一定的预设（一项教师发起的活动），但她还是让儿童自己探索和挑战。当她回来看马特在做什么时,她花了很多时间观察,并与他的试验保持同步。儿童说话变多了,因为他是活动的主导者。教师则显得安静多了,因为她在观察和思考。儿童思考时,有很多的沉默时间,而教师没有用毫无意义的问题来填补空白。她看着他的脸,了解他在想什么、想要做什么。因为她心里没有预设的解决方案(如转录6.1),所以当儿童有一个解决方案时,她会选择倾听并试图帮助儿童实现它。儿童认为教师是有用的资源,他很高兴她帮忙拿着和移动东西,因为她没有想告诉儿童该怎么做。教师会抛出一两个有帮助的提示,如"所以……我们要把这一节和这一节连起来""你可以把它放到水箱里",但她并没有试图控制活动。因为马特掌控着这项活动,所以他对其他来打扰的儿童态度非常坚决("不,玛吉,别放在那儿!")。在由教师发起的活动中,教师的作用是了解儿童的想法,然后支持他们实现目标。

问问你自己:儿童从中获得了什么?

可以参考第3章转录文字后的"儿童获得了什么"中的内容。

转录6.4 弗朗西丝和井

三个女孩在室外的沙池里玩耍。她们正在往水泥搅拌机里放沙子。其中,弗朗西丝把教师找了过来,给了她一个水桶。教师蹲在沙池边等待。

C:(对教师)那是干什么的?(指水桶)

A:弗朗西丝让我拿着它,我不知道为什么。

C1:弗朗西丝,那是干什么的?

C2:为了让井变得更好。把它放进桶里。(对教师说)井快满了。

A:是吗?那里面是什么?

C2：水。

A：都是水。

C2：水越来越满了。这是个标志——"小朋友专用"，这样大人就可以知道了。

A：好的。所以大人不能从井里取水？

C2：不行……只有小朋友可以。

C1：还有大人！

C2：但是大人可以给儿童买。

A：大人能自己弄点水喝吗？如果他们需要喝点水，该怎么办？

C2：我们得建一个更大的……嗯……井。［女孩们继续往"井"（水泥搅拌机）里灌沙子］

A：大一点的，给教师用的井？

C2：是的。

A：所以你们得建两口井。

C2：是的……所以这将是一项困难的任务！（她把一个塑料容器装满沙子，然后把它放进桶里；接着，女孩们忙着往容器和井里装东西；弗朗西丝站起来）然后，我们再贴一块牌子，上面写着"禁止小朋友使用"。

A：啊，大人用的井就不允许儿童用了，对吧？

C2：不行（她继续整理容器）……我只是去拿沙子……给大人用的井（她把容器里的沙子再放进桶里）。

A：越来越重了。

C2：是的……但是……不……但是……

C1：给大人用的井拿沙子就行了。

C1：给……嗯……小朋友。

A：你想把它们放到那里吗？（指着"井"）

互动还是干扰？

C2：这样它可以……嗯……给大人用。

C1：我们在做蛋糕。

C2：不！它们是井水。

C1：你把它放到这里……放进去。

C3：我这里还有一些可以装到桶里。

A：你这里还有一些可以放进去吗？它需要放到搅拌机……桶里？

C2：是给所有大人的。是给所有大人（继续放）并且我们不允许……而且我们不是……而且我们不是……而且我们不是小朋友而是大人。

A：哦，你们现在是大人了吗？

C2：我们假装我们是大人。

C1：我们都是大人。

A：好的。

C2：小孩不许用大人用的井。

A：所以我这个就是大人用的井？

C2：是的。你可以当小朋友。

分析

这个游戏的主题相当复杂，弗朗西丝似乎是让教师作为观众来"试探"她的想法。游戏的控制权（主要）在弗朗西丝手中。刚开始的时候，教师不确定她为什么拿着桶，甚至在问了很多问题之后，教师仍然不清楚游戏的目的（除了"填满井"）。直到晚些时候，弗朗西丝才解释说，在学校里，她们被要求为一个非洲村庄的水井集资，因为她们听说儿童要走很远才能打到水。这个在沙池里进行的游戏显然是弗朗西丝在试图理解这个相当抽象的场景。她的朋友们并没有像她那样参与进来。其他两个女孩也很喜欢装满和倒空容器，但在一个女孩看来，她们是在"做

第6章 谁在主导学习

蛋糕",因为对她来说,这个也许比把井里装满水更有意义。

因为女孩们控制着游戏,所以她们说的话比教师多。游戏过程中蕴含了很多复杂的思考和推理,尤其是弗朗西丝。教师试图用问题澄清游戏的目的,但并没有真正成功,因为弗朗西丝一直在编故事,而且故事的情境越来越复杂。在儿童主导的游戏中,当儿童并不清楚自己想要达到的目标时,教师必须努力跟随他们的思路。

问问你自己:儿童从中获得了什么?

可以参考第3章转录文字后的"儿童获得了什么"中的内容。

总　　结

高效的早期教育者非常清楚教师主导、教师发起和儿童主导的学习三者之间不同的目的。这三种经验都能使儿童受益。足够敏感、能够根据儿童的学习需要调整自己的角色的教师将会对儿童的学习大有裨益。当教师主导学习时,他们不应该害怕掌控学习过程,即使在回应儿童的想法时会走一些弯路。当儿童主导学习时,教师要追随他们——回应和支持儿童的想法,做儿童想做,想儿童所想。有时,这意味着教师最好退后一步,保持沉默,成为观察者,这样儿童的想法就能自由地生长;有时,这也意味着教师应该成为共同参与者,在由儿童的好奇心和想象力组成的奇妙世界里,和儿童共同建构知识和想法。明确地掌握不同情境下的活动目的,将有助于教师确保所发生的任何互动都会支持而不是干扰儿童的学习。有效的教师是足智多谋的,他们能够与儿童及其学习保持同步。下一章将讨论有效的教师如何在不同情境中发起和维持互动。

○ 互动还是干扰？

 自我反思

1. 我是否清楚不同活动的目的？
2. 在我所处的机构中，评估学习质量的人是否都了解教师主导和儿童主导的学习之间的区别？
3. 与我主导的学习相比，当我加入儿童自发的活动中时，我的互动方式是否不同？是否合适？

第 7 章

维持有效的互动

"早期教育者的一个关键作用是促进儿童的思考并保持他们的学习动力。"

在有效的互动中,教师的作用是与儿童保持对话,而不是自说自话。无论教师发起对话还是试图维持对话,都应该有一条无形的线索将儿童的想法、思考与感受和教师的反应连接起来。这条线索会让儿童知道,他们在被倾听,他们的想法受到重视。教师如果在错误的时间就错误的事情开始对话,就会打断儿童的思路。如果教师对儿童的对话做出回应,那么在不插手的情况下促进或支持他们的思维同样具有挑战性。正如第6章所述,有必要从一开始就明确活动或者体验的目的属于教师还是儿童。如果属于教师,那么就有合理的理由引导和集中儿童的思维在教师认为有价值的特定事物上。然而,当活动或体验由儿童主导时,有经验的教师的目的是跟随儿童的思维轨迹并保持他们学习的动力。本章讨论了有效的教师如何开启和维持互动以促进儿童的学习。

◆ 互动还是干扰？

聚焦于婴儿和学步儿

在婴儿发展语言之前，他们会先了解语言及交流。例如，他们参与轮流对话的行为反映了交谈的流动性。婴儿在出生时会用力吮吸母乳或者用奶瓶进食，然后停下来，盯着照料者；在婴儿再次开始吮吸之前，照料者会趁着停下来的空隙和婴儿说话（Manning-Morton，1994）。特雷尔瓦森（1974；2011）将这类交流称为"原始对话"。他描述 2 个月大的婴儿参与这些对话的情况，并认为这些对话会让儿童了解交流的文化词汇。

婴儿还发展了跟随成人注意力的能力。当环境和常规是可预测的时候，婴儿能够预测成人打算做的事情。例如，婴儿在奶瓶被准备好之后看向水壶。这种能力意味着教师可以向婴幼儿展示有趣的东西，也可以跟随婴幼儿的注意力，谈论他们在看什么或指着什么。

随着婴儿年龄的增长（6—8 个月），有证据表明，他们在轮流互动的过程中受到与他们互动的人的情感表达的直接影响（Hobson，2002）。例如，当那个人悲伤时，他们更少微笑。因此，在这个年龄阶段，婴儿是在一对一的互动中感知和回应其他人的行为的。他们正在发展霍布森（p.42）所描述的愉快、敏感且日益丰富的人际交往形式。正是在这个年龄阶段，婴儿对游戏产生了兴趣，这时的游戏有一种模式，比如捉迷藏。布鲁纳（1983）认为，这些游戏为婴儿与其教师之间的早期轮流对话提供了进一步的框架。游戏体现了一些重要的交流特征，在适当的时候，它们有助于为语言提供支持，帮助婴儿准备好在人际交流中扮演自己的角色（Hobson，2002）。

第 7 章　维持有效的互动

发 起 对 话

教师主导的学习

当教师计划或看到了学习的机会时，他们心中就有了目标，发起的对话就会集中在学习上。如果活动是预先计划好的，那么该活动的介绍似乎需要非常直接。

对于婴儿（一对一，不分组）：

"我能看见你。我可以在镜子里看到你。"

"我们沿着这条路走，经过商店，到达邮箱。"

对于 2—3 岁的儿童（一对一，不分组）：

"你快到了，杰克。这次我牵着你的手，看看你能不能到达终点。"

"我打算在这里挖这块地，然后我们可以种球茎植物。"

对于至少 4 岁的儿童：

"我想如果我们……"

"我昨天看你做模型，我想你可能想知道……今天，我将向你展示……"

正如第 6 章所述，我们很容易用这种花哨方式包装教师主导的学习（为了让它更吸引人），导致儿童不明白他们在学习什么以及为什么要学习。教师面临的挑战是，在开始互动后，儿童的思维完全偏离到另一条线索。没有一种方法可以解决这个问题，但当学习对儿童有直接的相关性和意义时，学习往往是最有效的（Donaldson, 1987; Nutbrown, 2006; Athey, 2007; Dowling, 2013）。因此，当儿童产生意想不到的联系时，跟随他们的思路仍然是适宜的。遵循儿童的思路，但重要的是不要偏离教师主导计划的目的，以至于其目的永远无法实现。这可能导致教师倍感压力，进而教计划中未成功教的课程内容，从而扰乱儿童主导的学习（见转录6.2）。通常，可以承认、回应儿童的离题想法，然后重新聚焦于活动的最初目的。然而，有时，他们的想法以及随后的互动与教师的计划相去甚远（并且本身具有很大的价值），以至于教师需要与儿童的学习时刻保持一致，并计划改天实现自己的目标。

儿童主导的学习

当一项活动是由儿童主导时，对话来自儿童的想法和感受。儿童可能会看到一些东西，例如，教师示范的一项技能；听到一个故事；对某事着迷，例如，毛毛虫爬墙；经历某些事情，例如，因奶奶生病而感到悲伤。这些都可能引发对儿童来说非常重要的想法和感觉。儿童开启对话，敏感且具有回应性的教师将回答儿童的问题，从而支持儿童的对话。

然而，有时儿童的想法是内在的，他们不需要谈论它。那一刻，他们在想一些事情，或者只是享受一种感觉，停在当下，不需要交谈或评论。在这种情况下，如果教师开启对话，那么儿童的思路就会被打断或分心，这无助于儿童的学习动力。当儿童全神贯注于活动或者陷入沉思时，最好的格言是"在别人跟你说话之前，不要说话"。这时，如果儿童选择说些什么，教师就会知道开始对话是受欢迎的。更重要的是，儿童给了教师对话的开场白。教师并不是在猜测儿童在想什么或者儿童对什么感兴趣，因为儿童所说的话证实了这一点。剩下的就是教师对儿童的行为做出反应，跟随儿童的思路，不要让儿童朝向教师的目的而偏离自己的目的。

不管说话的背景如何，帕斯卡尔和伯特伦（Pascal & Bertram，1997）将教师与儿童之间的互动描述为共生关系，因为教师的参与方式直接影响儿童的参与程度，儿童的参与也影响教师的参与方式。马拉古奇

第 7 章　维持有效的互动

（Eawards et al., 1993, p. 79）说："学习和教学不应该站在对岸看着河水流过；相反，它们应该一起出发进行水上之旅。通过积极、互惠的交流，教学可以加强学习。"

维 持 互 动

在思考如何维持互动时，牛津郡成人－儿童互动研究项目的参与者发现，反思有效互动的互惠性很有帮助（见第 10 章）。教师不再只是"接受"儿童的评论或问题，而是越来越多地思考他们给儿童的回应。虽然这在很大程度上取决于儿童、情境和对话，但有证据表明，教师往往在本可以继续进行的情况下结束互动。教师发现自己在说"嗯，嗯""好可爱""是吗"等话语的时候，互动不复存在。在该项目的录像中，很明显，在有效的互动中，教师通过评论、提供想法或信息向儿童反馈，如果与儿童想要进行的对话相关，这些反馈就会进一步推动儿童的思考，提高他们的学习能力。

婴儿
婴儿感到饥饿而啼哭。
A：我看得出你很痛苦。你想喝奶吗？
婴儿兴奋地踢着腿。
A：你喜欢那首歌，是吗？它发出啦啦啦啦啦的声音。

2—3 岁的儿童
C：它不会越过障碍。
A：有时候，如果你让汽车跑得更快，它就能越过障碍。
C：鞋子。
A：穿上你的鞋子和外套，然后我们才能出去。

互动还是干扰？

至少 4 岁的儿童

A：你能告诉我什么时候走吗？因为我想坐车。

C：好的。

C2：还有一点油。

A：丹尼尔说加一点油，别忘了给你的车加油。引擎让它平稳运行。

C：我们在沙子里放水做砖好吗？

A：可以。在建筑工地上，他们用大水泥搅拌机将沙子和水混合，制成有助于砖块黏合的水泥。

在这些例子中，教师"充满兴趣"地回应儿童：

- 在情感方面，对儿童及其想法和感受表现出兴趣；
- 在对话方面，给儿童提供东西以增加兴趣（即增加更多的东西）。

教师可向儿童提供：

- 词汇——通过提供短语或句子来扩展儿童的词汇；
- 一个问题——澄清儿童所说的话；
- 评论——关于教师的个人经历或类似想法；
- 知识或信息——教师认为可能有用。

所有这些策略都是教师在自然、真实的对话中使用的，双方彼此关心，且都认为保持对话的动力是一种责任。对儿童来说，教师"充满兴趣"的回应是比持续提问更有效的互动策略。有效的教师会不断地打开儿童的思维而不是关闭它，阐明他们的想法而不是简单地询问。正如第9章所述，由于问题被频繁地用于主导和操纵儿童的思维，并且经常让教师控制互动，这样的话语（带有已知答案的问题）往往会阻碍交流。教师应该"充满兴趣"地回应，进行评论、陈述或提供想法，鼓励儿童深

第 7 章 维持有效的互动

入地思考,并且允许他们保持学习的动力。

保持学习的动力

一旦对话开始——无论是由教师还是儿童发起——就会有一些有据可查的策略来保持互动的流畅性。在牛津郡成人-儿童互动研究项目中,参与者记录了以下使用较为频繁的策略,这些策略有效地保持了儿童的学习动力以及教师和儿童之间的对话线索。对于给儿童提供"充满兴趣"的回应,这些策略是极其宝贵的,因此教师与儿童之间应当共享交流而不是支配交流。无论互动是教师主导的还是儿童主导的,所有这些策略都是有用的,但有些策略可能特别适合一种情境而不是另一种情境。

评论

对于教很少使用语言的儿童(非常年幼的儿童)、以英语为第二语言的儿童以及语言发展迟缓的儿童(见第 8 章)的教师来说,评论是尤其有价值的。通过评论,教师可以强化和示范单词、语法和言语结构。例如:

"我的手在水里越来越冷了。"

"你让多莉上床睡觉是因为她累了。"

"火车正在穿过隧道。它从另一边出来了吗?"

与许多策略一样,"评论"可能会被过度使用。当教师说得太多时,他们的话就会像背景音乐一样,只有声音被关掉时儿童才会注意到。但是如果使用得当,评论可以增强第 1、2 章提到的说话、语言和交流的能力。

思考

思考是一种不具威胁性的提问方式。"思考"意味着教师对某个问题感兴趣,而不是他已得出答案并且正在测试儿童。它还表明,教师和儿童将共同探索或调查,并伴随着双方共同建构想法和可能性。例如:

◎ 互动还是干扰？

"我想知道如果……"

"我想知道为什么……"

"我想知道是否……"

> 促成一个想法似乎比要求一个答案更加有效。

"我想知道"是对儿童来说很有价值的一个问题，因为它打开了他们的思维，而不是将其封闭起来。"我想知道"通常会促成一个想法（而不是要求一个答案），当儿童建立起相关的联系时就会想到这个想法。

想象

许多儿童有着生动的想象力。在一系列的情境中培养儿童的创造性思维，教师的鼓励是至关重要的。儿童需要在正常的能力范围之外"站在别人的立场"（Duffy，2006）想象自己成为某人或做某事的感觉。教师可以帮助儿童进入别人的生活，进入他们可能从未经历过的情境。

"去……会是什么样子？"

"我能想象……"

"也许……"

"让我们假装我们……"

将自己置于一种想象的情境中有助于儿童创造性思维的发展，这对于发展他们的想法、运用他们的想象力和独创性至关重要。

联系

教师帮助儿童在学习中建立联系是至关重要的。一旦大脑的神经连接到位，神经元就可以相互交流，大脑就可以根据经验解释世界。通过提醒儿童已经发生的事情或他们过去做过的事情，我们可以帮助他们记起并利用过去的经验中我们认为可能有用的方面（Wood，1989，p. 97）。如果能够将新的事物与过去已经知道并理解的事物联系起来,儿童就会更容易地记住它们。布鲁纳曾有一句名言:"学习就是弄清楚如何利用你已经知道的东西来超越你目前的想法。"

"你还记得我们是怎么把种子种在土里的吗?看,那就是即将生长的植物的新芽。"

"你还记得什么时候/怎样……"

"这就像那时候我们/你……"

"如果你今天能管理xx,也许你明天可以试试yy。"

出声思考

有时问儿童"为什么不试试这个"得到的回应很少,而间接地说"我想我会试试这个"通常会让儿童遵循教师的引导,从而拓展他们的想法。儿童将教师视为榜样(Rogoff,1990;Bandura,1977),如果看到一位重要的教师正在尝试或者做些什么事情,这经常会引发儿童的模仿行为,也有助于儿童理解"作为学习者"要思考和尝试解决问题。

"我要试试……"

"我记得我试过……"

"我以前做过类似的事情……"

谈论感受

作为有爱心的教师,不与儿童谈论他们的感受可能是一个很大的诱惑。但研究告诉我们,为了管理情感,儿童必须直面它们(Gerhardt,2010),并能说出它们的名字(Robinson,2014)。当情况自然发生时,最好的方式是允许儿童表达自己的感受以及知道他们的感受是没问题的。

"我想苏菲可能会不高兴,因为她也想念妈妈。"

"我看得出你很兴奋,因为爸爸马上就要来了。"

互动还是干扰？

"我想你生气是因为你想要那辆三轮车，安德鲁先到了那里。来拥抱一下，接下来就轮到你了。"

反馈

向儿童表明，我们一直在倾听他们的想法的一种方式是反馈他们所说的话。有时，重复他们所说的话就足够；有时，他们通过行动向我们展示，我们通过语言描述他们的行动予以反馈；有时，我们会回想儿童说过的话，然后加以修饰。

"我在想，把女巫变成一个好女巫是一个多么好的主意啊。"

"我认为你在那里选择了最好的砖，因为它们使桥更加牢固。"

"我喜欢你的想法，蜗牛会在地上留下痕迹，以便更容易移动。我想这也有助于它……"

支持儿童做出选择和决定

在试图给儿童提供选择的时候，我们往往让可选择的范围太广了。非常年幼的儿童可能需要有限的选择，从而便于掌控。通过支持儿童的选择和决策，我们帮助他们越来越多地控制自己的生活及其后果。

"你想要红色的还是蓝色的？"

"你认为小熊想要吃粥还是散步？"

"你想用木炭还是粉笔？"

随着儿童年龄的增长，他们做选择的能力也会增强，教师提供的选择也会随之增加。

解释／告知

有时，儿童只是需要被告知一些事情。他们只需要一个解释或一个答案，而不是思考一些事情、被教师询问意见或叫他们去拿一本书。教

第 7 章 维持有效的互动

师可以给出某些事情发生的原因,解释结果,描述因果关系,解释行为,发现问题并提供解决方案。

"你如果像这样转动锯子,就能把它锯断。"

"树叶已经变成棕色,因为它们正在死去,它们会从树上掉下来,这样新的叶子才能生长。"

"哦,看,他忘了系鞋带,所以摔倒了。"

"你必须穿外套,因为外面很冷。"

重要的是,要在儿童表现出自己是否已经理解,或者做了一些尝试并想要得到解释之后才能提供这样的"信息"。

提出问题

唐纳森(1978)提醒我们,儿童倾向于把具体的经验——他们知道、理解和经历过的东西——带入抽象的情境中,因此有时"推理"是不准确的,因为这带来的经验是有限的。我们可以通过提出问题来挑战儿童的思维,然后让他们在自己的能力范围内用自己的方法解决问题。这些挑战必须是真实的,对儿童有意义,并且值得解决。

"也许有办法够到钩子,然后让卢克把它修好?"

"我想知道有没有办法让窝里的草保持干燥?"

"一定有办法记住接下来轮到谁,对吗?"

保持安静

最后,有时候需要保持安静。儿童需要思考而不是回答教师的问题。教师要专注但不打扰儿童,观察、等待和思考儿童正在做什么、想什么和学习什么。

所有这些策略都会给儿童带来"充满兴趣"的回应,它们是有价值的,有助于保持活动、经验或讨论的学习动力。如果教师的评论或问题,

互动还是干扰？

或与儿童建立联系的机会来自儿童，那么教师可以自信地认为他们是在支持儿童的思考而不是打断它。以上所有的策略如果在正确的时间以正确的方式使用，那么可以增强儿童对周围世界的理解。

巩固、拓展和激发学习

作为早期教育工作者，我们知道支持儿童的学习是必要的，但不是充分的。在我看来，有三种不同的方法可以帮助教师提高儿童的学习能力；这三者同等重要。最有效的帮助是巩固儿童的学习，拓展儿童的学习，激发儿童的学习。每一种方法都能提供给儿童一些独特的东西，是教师必不可少的对话策略。

巩固儿童的学习

在提倡"向下一步推进"的教育氛围中，有必要提醒巩固儿童的学习的重要性。

对儿童来说，世界是新的、充满挑战的，而且往往令人困惑，需要重新审视概念、练习技能，在各种情况下长时间地学习新知识。这就是为什么"进步"这个概念对早期教育教师来说如此具有挑战性。有时，种子被播下后会在许多天、几个月甚至更晚的时间才能生根发芽，而不是在一次简短的输入后就能明显地看到进步。早期阶段儿童的进步有两个方向。当儿童确实为"下一步"做好准备时，进步就会继续。当儿童学得更多，变得更熟练，与已经熟悉的东西建立更多联系时，进步会加深。

皮亚杰（Piaget, 1929）告诉我们，所有新的知识都必须被吸收到已知的知识中。有时，这很容易做到，但有时需要改变儿童现有的知识，为他们的新发现让路。他们必须重新思考对世界的看法，以及对事物的看法。

第 7 章 维持有效的互动

 转录 7.1 巩固：思考和想法

幼儿园的孩子们在小组里讲三只小猪的故事。

C：我知道……我知道……我们可以用稻草做个窝。

A：是的，我知道了。如果你用稻草做一个窝，就会像仓鼠在笼子里一样舒适和温暖。

 转录 7.2 巩固：态度和倾向

教师正在帮助一个男孩做超级英雄斗篷。他自己做了很多工作，但是在下摆厚一点的地方，他还在努力剪最后一点布料。

A：你做了这么多？（举起它给他看）

C：我试试，我试试，像这样做。如果你这样握着它，我可以把它剪掉。

A：怎么剪？

C：我会那样剪。（他用剪刀在空中剪着）

A：我们得集中精神……看你的手指。

C：有点硬。

A：哦……我不相信（剪刀剪不开）。我们得坚持到最后！我们试试这样好吗？（教师把布料翻过来）

C：来吧！

A：你快成功了。再把剪刀打开。

（男孩满面笑容地离开，穿着他的斗篷）

C：（疲倦地）你知道我明天可以做些什么吗？明天再做点吗？

A：啊……我不知道明天你的手会不会疼……你已经剪了很多了。

C：我认为你需要……

> 互动还是干扰？

A：我想我们都筋疲力尽了。

C：我累坏了，因为我做得太多了。

A：我知道。你已经做了大部分了（教师把布放在地毯上）。

C：（眼神突然变亮）当它躺下的时候，我能试着这样做吗？

A：是的，这可能行得通。（她坐下来，靠着胳膊肘为他拿布料……他剪了起来）噢……这很有用。（击掌）太棒了。你做到了！你的布料大小合适。

（男孩满面笑容地离开，穿着他的斗篷。）

拓展儿童的学习

如果儿童仅停留于熟悉的领域，那么他们将不能充分拓展知识和对世界的理解，技能和概念将不能获得应然的发展。有时，儿童通过与环境的互动和应对必须解决的挑战来扩展自己的理解。

皮亚杰（1929）认为，当儿童的好奇心没有得到充分满足时，他们的学习就处于最佳状态。因此，最好的学习体验是让儿童保持好奇心，让他们好奇，并为他们提供现实生活中的问题来解决，而不仅仅是给他们提供信息。另一方面，维果茨基在接受皮亚杰关于通过经验发展概念的理论的同时，认为儿童对世界的理解也来自对他人的理解，"从物体到儿童，从儿童到物体的路径都要经过另一个人"（1978，p. 30）。因此，维果茨基的研究对人们关于语言、思维和理解的互动本质的思考产生了很大的影响。维果茨基认为，教师的作用是帮助儿童完成他一个人无法完成的事情。他声称，如果没有天生的教与学的能力，人类文化就不会发展，因为只有成熟的人教和不成熟的人学，人类文化才能发展。维果茨基对教育思想主要的贡献之一是"最近发展区"这一概念，它描述了（Wood，1998，p. 26）个体（大人或小孩）能够独自做到的和在比自己更有知识或技能的人的帮助下所能达到的水平之间的"差距"。因此，维果茨基认为教师的作用远比皮亚杰所声称的那样更具有积极性和干预性。正如维果茨基所说,"学习唤醒了内在发展的多样性,这些过程只有在儿童与环境中的他人互动时才会发生"(1978,p.90)。

有时,教师通过介绍一些全新的东西来拓展儿童的思维,比如新的手机、新的工具、新的数学概念(如平分)或者有关他们的感受或关系的新想法。有时,教师把儿童已经熟悉的东西拿来展示以扩展儿童的思维,例如,向他们展示如果有合适的生长条件,孵化器中的蛋是如何孵化成小鸡的。有时,教师计划拓展儿童的学习(即在教师主导的活动中),有时机会会在儿童发起的活动或体验中出现。在这两种情况下,思考以下问题都是有益的:"我还能告诉儿童什么,向儿童展示什么,对儿童说什么,以增加他们目前的理解或扩展他们对世界的看法?"

转录 7.3　扩展:通过添加信息

一群儿童在室外玩耍。威尔正在给教师抱着的布娃娃做饭。威尔请教师品尝食物。

A:婴儿吃一点可以吗?这对婴儿来说是安全的吗?

C:是的,很安全。我去拿个勺子。

A:如果食物很大块,婴儿会被噎住,是吗?

(小男孩"喂着"仍在教师腿上的布娃娃,小心翼翼地每次舀一点)

转录 7.4　扩展:通过谈论自己的经历

一位教师正在和一个女孩谈论她用废旧模型材料做的巴士。

C:一、二、三、四(轮子)……还有一个轮子在车顶上。

A:车顶的轮子是做什么用的?

C：备用的。

A：以防发生事故……或者爆胎？

C：以防爆胎。

A：我的车有一个备用轮胎……它在后备厢里，不是在车顶上。

激发儿童的学习

有效的教师利用互动来激发思考。由于瑞吉欧·艾米利亚方法对早期学习的影响，"激发"（provocation）的概念已经被嵌入早期教育者的实践中（如 Katz，1993）。激发儿童的兴趣，鼓励他们提出问题和发现解决方案是英国幼儿园教育的基本原则。使用"激发"一词来描述这一过程起源于意大利北部的幼儿园，在那里，"激发物"指来自儿童的疑惑、一个事件、一个故事、教师提出的一个问题、环境、一个物体，或一个有待解决的问题。基本前提是，儿童周围的世界提供了大量的学习机会，有时需要一个触发器（或激发物）来抓住儿童的兴趣和调动儿童的思考。

我在这里用的是"激发"这个词的另一种用法。我相信这一概念会让儿童的思维超越"拓展"。拓展思维意味着教育者在已有知识的基础上进一步发展和提高。它暗示理解或学习一项技能的下一个步骤的顺序和逻辑。在我看来，"激发"一词含有"惊讶"的成分。这就好像思维被"发现了"——遇到一些意想不到的东西，而这些东西并不一定符合我们目前对世界的理解。皮亚杰解释当人类学习新东西时，他们是如何将其吸收到已知的知识中的。有时，新旧信息既合乎逻辑又容易地结合在一起；然而有时，新的信息会挑战旧的信息。我们认为自己理解的东西被现在知道的东西打破了平衡。皮亚杰将其称为认知冲突（1985）。伍德解释说，儿童进入一种不平衡的状态，因为新的理解"被事件的现实质疑"（1998，p. 56），儿童努力顺应新的、意想不到的现实，直到在心里找到解决方案，恢复平衡。正如伍德解释的那样，"有些顺应需要儿童对世界

第7章 维持有效的互动

的理解产生巨大的变化"（1998，p. 54），最终这场斗争将使儿童的学习和理解更加深入。

激发儿童的思考就是给他们提供一些认知"盒子"之外的东西，一些激励他们重新思考现有世界观的东西，他们必须通过这些东西找到一个令人满意的解决方案。克拉克斯顿（Claxton，1997）指出，认识的过程是由不确定性发展而来的。这导致儿童在认知上的颠覆，他们不得不更加努力地思考该做什么或该说什么。当教师激发儿童的思维时，儿童就会遇到一种让他们惊讶的情况。一开始，他们会感到困惑。为了弄清情况，他们必须创造性地思考，从而解决问题。

教师可以在计划的情境（教师主导的情境）或自然的情境中激发儿童的思考。但重要的是，教师要了解儿

> 有时，儿童需要暂时的困惑来激发更高阶的思维。

童，以确保他们不会因此而过度困惑或不安。有些儿童对自己或与教师的关系不太确定，以至于他们的认知世界没有被颠覆。同样，没有儿童（也没有教师）喜欢不断被激发。没有什么比颠覆每件事更让人恼火或不安。这样一来，儿童可能对每件事都感到不确定或不愿说任何话，因为害怕得到富有挑战性的回应。

这三种互动——巩固、拓展和激发——就像第6章针对儿童的三种学习情境一样，需要教师保持敏感和平衡。在一天的大部分时间里，儿童需要有安全感："我承认这一点""我理解/可以这样做""我非常擅长这个——观察"。在一天中的某些时候（只要对儿童来说是合适的时间），拓展他们的学习是好的："我不知道那个。""我要怎样做？""如果我……会怎么样？"最后，稍微被激发一下也不错："哦……我现在该怎么办？""我以为你会说……""哦，不，我的主意行不通！"我看过无数教师在无数的机构中工作，我看到儿童被敏感和适宜的激发物带到完全不同的思维水平，他们的思维变得敏锐，在寻找解决方案时真正具有创造力。

转录 7.5　激发：提出一个意想不到的问题

一大群儿童玩"猫咪游戏"，她们说教师是"猫妈妈"。一个儿童走到教师面前。

C：妈妈，妈妈，我的爪子受伤了。

教师从口袋里拿出一块积木给兽医打电话。

A：你好，我是猫妈妈。有一只小猫伤了爪子。我们可以约个时间吗？（然后她看起来很担心、很紧张）哦，真的吗？哦……哦……哦……好吧……好吧，那我明天给你打电话。（转向女孩）你知道兽医怎么说吗？兽医病了，所以他没法来。

女孩们困惑了一会儿，然后其中一个女孩说："我是兽医，我知道该怎么做。"——游戏继续。

转录 7.6　激发：说一些意想不到的话（故意用幽默）

一位实习教师正在给孩子们读《好饿的毛毛虫》[1]。孩子们对这个故事很熟悉，他们把自己知道的和能猜到的部分内容念出来。实习教师翻到毛毛虫为自己做茧的那一页。

A：然后它在茧上咬了一个洞，钻了出来……它是一头美丽的……大象。

孩子们愣了一会儿，然后大笑起来，忙着告诉教师为什么她错了，为什么是一只蝴蝶，而不可能是一头大象。

---

[1] 该书的简体中文版由明天出版社于 2017 年出版。——译者注

第7章 维持有效的互动

• • • • • 分析你的实践：巩固、拓展和激发学习 • • • • •

» 教师很清楚巩固、拓展和激发学习之间的区别。

» 教师不仅重视推进"下一步"，还重视使儿童的进展"更深入"和"更进一步"。

» （在适当的情况下）教师"充满兴趣"地回应儿童所说的话。

肢 体 语 言

前文显示了有效的教师如何巩固、拓展和激发儿童的思维。但是，支持儿童思考和学习上的成功并不仅限于此，还有两个因素影响师幼互动的有效性，第一个是肢体语言，第二个是语调。

研究表明，在与他人交流信息时，肢体语言的影响最大。艾伯特·梅拉比安（Albert Mehrabian）在1971年进行的研究经常被引用来证明这一点。梅拉比安的研究表明：

- 文字（字面意思）占全部信息的7%；
- 语调占全部信息的38%；
- 肢体语言占全部信息的55%。

然而，值得注意的是，梅拉比安后来写道，"7%"这一数字可能会具有误导性，因为它可能暗示，我们所说的话相对不那么重要。他最初的研究关注的是情感和态度，他后来写道，除非沟通者谈论的是他们的情感或态度，否则这些结论是不适用的。

事实是，通过肢体传递的信息仍是强有力的，可以与我们说的话相矛盾。儿童很机灵，他们知道，如果教师在路过他们时说"多可爱啊"，那么教师的兴趣仅是轻微的。为了让儿童充分地感受到我们对他们的兴趣，教师必须停下来倾听和回应。停下来，意味着蹲下，与儿童的视线平齐，这样儿童就会相信教师拥有充裕的时间。倾听意味着保持安静，这样儿童就能说出他们要说的话，而不需要教师质疑或假设并催促他们。回应是指通过对儿童所说的内容进行充满兴趣的回应来保持儿童的思维或学习动力，以表明你已经倾听、理解并投入其中。

肢体语言显然很难在书面中加以例证，但牛津郡的教师试图以书面形式总结他们在录像材料上看到的内容，说明有效的教师为维持对话所做的工作，以及他们实际上所支持的内容。

分析你的实践：肢体语言

» 教师表现得极其专注。
» 教师的眼睛是警觉的，表现出兴趣；他们关注的是儿童。
» 教师的身体是放松的，但倾向于儿童。
» 教师不会从互动中抽离出来做笔记或评估（互动结束后教师应该这样做）。

语　　调

非言语交流的另一个特征指向语调，这也是很难用语言描述的。牛津郡项目的参与者注意到，互动若被认为有效，那么教师要用一种极其专注的方式对儿童说话，且语调是谦逊的。一名参与者说，有效的教师使用与成年朋友交流时使用的语调，这种语调他们不会只在与儿童交流时才使用。当然，唯一的例外是"妈妈语"，父母或教师故意用更短、更简单的句子以更高的语调和婴儿交谈，经常一遍又一遍地重复同一件事，以此吸引婴儿（见第2章）。测试表明，婴儿会选择听母亲对孩子说的话，

第 7 章 维持有效的互动

而不是母亲对教师说的话（Gopnik et al., 1999, p. 129）。他们的偏好与母亲实际使用的词汇没有关系，选择它是因为它是一种"安慰性语言"。然而，牛津郡项目团队认为，与儿童相处融洽、有效互动且教稍微大一点的儿童的教师所使用的语调被描述为"真诚""尊重"和"正常"。

• • • • • • • • • **分析你的实践：语调** • • • • • • • • •

» 教师的语气不是居高临下的。

» 教师的声音很自然。

» 教师的口头回答是真实的。

» 教师的语气是恭敬的。

 转录 7.7　露台上的特雷尔和女孩们

两个 3 岁的女孩和教师在幼儿园的露台上。其中一个女孩正在写一个"不要"的牌子，教师就坐在她旁边。这个女孩很生气，因为前一天一些男孩踩了之前刚种下的球茎，她想告诉他们不要再这样做。接下来，话题变成她们在花园里看到的蜗牛。

C1：（正在用纸擦教师的额头）你喜欢蜗牛吗，特雷尔？

A：嗯……我确实喜欢蜗牛。我知道很多人不喜欢它们……

C1：你的额头上有黏液！

A：嗯，会有……如果有只蜗牛在我身上。它们需要黏液才能前行，不是吗？

C2：它们为什么需要黏液？

A：嗯？

C2：黏液是干什么的？

互动还是干扰？

A：它们为什么需要黏液？因为它们的身体非常柔软和脆弱（两个女孩都在专心地听着）。它们没有骨头来保护自己，所以会产生黏液。这样当它们前进时（她在桌子上展示），也许是在崎岖不平的地面或尖利的石头上，它们的皮肤就会受到黏液的保护。

C2：靠黏液？

A：是的。这样它们就不会受伤。我们有皮肤来保护我们，还有骨骼。

C1：但是我们有两层皮肤啊。

A：是吗？

C1：是的，像考拉那样。

A：我不知道考拉有两层皮肤。

C1：我们……因为它们是动物。

A：嗯……是的。

C1：你要修指甲或理发吗？

A：……我确实需要一块膏药。看，或者是别的什么，我的手指上有个肿块。你觉得你能做些什么？

C1：这意味着你可能得去医院的15楼急诊室，嗯……紧急情况下，医生会把你的手指切开。但是别担心……记得有一天你对一个小男孩做了什么吗？你带他去医院缝手指（教师意识到她在说什么，慢慢点点头）。

A：我确实告诉过你，对吗？这真的发生了，一个小男孩的手指被切到了。

C1：我想是……

A：是那个小男孩的爸爸，是查理的爸爸。

C2：你知道吗？看，你其实没有两层皮肤，因为看……血！（她举起被抓伤的手腕，那里有一道划痕）

第 7 章 维持有效的互动

A：但它实际上并没有出来，我想这就是埃薇所说的第二层皮肤。

分析

这段文字记录表明，教师必须非常关注儿童的思想和对话。从蜗牛到考拉，到修指甲，再到被切到的手指，这位教师毫不费力地跟着女孩们的思路做出适当的反应。教师的一些答案很复杂，但她很了解这些女孩，能看出她们在听。这段文字和转录 5.2 中关于电池的解释有很大的不同。在这个例子中，女孩们寻求解释，因此对教师的回答充满兴趣。为了进一步理解，她们会接着问："靠黏液？"但在转录 5.2 中，男孩想玩却得到了一个他没有要求也不感兴趣的解释。互动之所以能够持续，是因为教师与这两名女孩有着亲密、温暖的关系（亲密的身体接触是证据，因为她没有退后或走开，例如，第一个儿童用纸擦她黏糊糊的额头）。她适应每一次话题的变化；她提出的问题是真实的（我的手指上有个肿块。你觉得你能做些什么？）她说话的语气是恭敬的，她把女孩当作平等的谈话对象。

问问你自己：儿童从中获得了什么？

可以参考第 3 章转录文字后的"儿童获得了什么"中的内容。

总　　结

与儿童的持续互动具有挑战性和复杂性。它要求教师在任何时候都要对儿童发送的信号和信息保持敏感。若想最好地应对，就要有思想和智慧。通过回应，有效的教师巩固、拓展和激发儿童的思维，他们需要了解儿童，并仔细地观察他们，以便在正确的时间选择正确的策略。正如本章所展示的，有很多方式可以开启和维持不同的互动。但要明确的是：

互动还是干扰？

- 只说必要的话；
- 说话算话；
- 如果会影响学习，就不要说话。

下一章将讨论那些不想和我们说话的儿童，看看有什么策略可以鼓励他们说话。

 自我反思

1. 我主导互动，还是维持互动？
2. 我是否在适当的时候巩固、拓展，有时激发儿童的学习？
3. 我的肢体语言和语调是否会鼓励儿童与我说话？

第8章

与不愿互动的儿童互动

"有些儿童不想与我们互动……（遗憾的是）也有一些儿童，我们不想与他们互动。"

想到儿童，我们通常会想到他们有很多想说的事情，并开心且喋喋不休地表达他们的想法和感受。然而，

教师最容易与那些容易互动的儿童进行互动。

在早期教育机构中，也有儿童因为各种各样的原因，发现沟通相当困难；他们不能或不愿用声音告诉我们他们的感受是什么或在想什么。牛津郡项目团队在分析录像片段时发现，很明显有些儿童经常重复出现在镜头中，他们非常容易地与不同的教师就一系列问题进行互动。这是一些明显享受教师的陪伴和互动的儿童；他们习惯于和有欣赏力的观众分享他们的想法，觉得自己有一些值得说的东西。这些儿童在家庭中说话通常受到重视，他们被视为言说者。录像片段显示，不仅这些儿童更容易和教师说话，而且教师也更容易和他们说话。与容易互动的儿童进行互动很明显要更容易——不仅因为这意味着对话进行得更顺畅，也因为这些更喜欢说话的儿童让教师感觉到他们仿佛就是有效的沟通者。一旦项目团

> 互动还是干扰？

队注意到自己很容易被喜欢说话的儿童吸引，他们就特别努力地识别出那些在机构中不愿意说话的儿童，并研究需要做些什么才能提高与这些儿童互动的质量。本章聚焦于那些不愿说话的儿童以及试图鼓励他们沟通的策略。

聚焦于婴儿和学步儿

前文已经提及，儿童受生物学方面需要的驱动与主要照料者形成亲密的依恋（Bowlby，1969）。婴儿有感到安全和可靠的基本需求，"依恋"指的是婴儿与照料者之间建立的关系，这是根据婴儿在最痛苦的时候照料者带给他的安慰所形成的。7个月左右，婴儿通常会表现出安全的依恋行为，对陌生人非常谨慎，不惜代价地黏着主要照料者。鲍尔比（Bowlby）认为，建立安全依恋的主要成分是父母温暖、敏感、回应性和可靠的养育方式（Underdown，2007）。当互动不是温暖的、回应性的和一致的时候，婴儿会表现出痛苦。这种表现可能是攻击性的，伴随过度活跃的、挑战性的或寻求关注的行为；也可能是消极的，婴儿表现出自我依赖并抗拒来自照料者的安慰，或乐意接受任何成人而非主要照料者的帮助（O'Connor，2013）。

不对主要照料者做出反应和进行互动的婴儿早已习得：出于一些原因，不能依靠这个成人来获得自己所寻求的安慰。然而，感觉到自己与他人有关联是情绪健康的基础（O'Connor，2014）。如果婴儿没有获得来自最依赖的那个人一贯的积极反馈，他们就会逐渐相信自己对任何人都"不够重要"，并会带着奥康纳所说的"难以忍受的"压力和焦虑生活。

曾被忽视的儿童或曾经历过多次依恋中断的儿童最需要来自

第 8 章　与不愿互动的儿童互动

经验丰富的教师的敏感互动。这通常具有挑战性，因为即使是非常年幼的儿童也可能已经看到过一些行为，让他们难以用积极的方式回应。如果儿童曾对主要照料者失望，那就很难让他们接纳来自其他人的爱和关心，因为他们害怕更多的失望。我们很容易假设，非安全依恋型的儿童一定在寻找情感上可以依附的人。然而，非安全依恋型的儿童经常拒绝他们最想要的东西。出于自我保护的原因，他们在真正失望之前将自己包裹起来进行拒绝，避开亲密的照料和关注。非安全依恋型的婴儿和学步儿最需要富有同情心与治愈能力的教师，他们可以从持续、积极的照料模式中与儿童建立起积极的神经联系。

不愿说话的儿童

大部分儿童相当自然地说话，迫不及待地使用逐渐熟练的沟通能力。然而，也有一些儿童，与他们的互动和沟通会变得越来越困难。他们缺乏自信或意愿加入同伴喜爱的关于新闻、观点、想法和感受的充满活力的交流之中。

安静或害羞的儿童

刚到早期教育机构的儿童通常很安静，即使他们在家里时爱说话和爱交流，这可能仅仅是因为儿童在一个被陌生人环绕的新场所里需要时间建立起自信。一些儿童缺乏与陌生的成人和儿童交谈的经验，需要教师敏感的帮助以加入小组活动或者参与一个需要争夺教师注意的互动活动。最初，这些儿童可能与他们最熟悉的、体贴的教师——很可能是他们的关键人（见 Elfer et al., 2012）在一起时反应最积极。他们可能热衷于参加小组活动，但不应该立马被要求，从而"被迫"加入。害羞的儿童可能比其他儿童更关心教师如何对他们做出反应，特别是教师赞同还是不赞

互动还是干扰？

同他们正在做或说的事情。教师既不尝试强迫安静的儿童加入，也不在他们加入时小题大做，这是很重要的。安静的儿童通常缺乏自信。有效的教师会在期待他们加入之前给他们时间去观察行动中的其他人。正如和所有不愿说话的儿童相处一样，关键是不要施加压力。害羞的儿童需要得到确认，当他们准备好的时候，早期教育机构就会成为可以说话的安全场所。

> 正是说话的短暂性让它成为思考的"理想伴侣"。

约翰逊和琼斯（Johnson & Jones, 2012）提醒我们，许多不愿说话的儿童非常在意他们所说或所做的事情可能会产生消极的反应。有时，这是因为他们缺乏自信或自尊心低，认为自己不能做对事情。然而，有时是因为他们是完美主义者，认为无论他们做什么都必须是对的，否则人们会消极地看待他们。不管是哪一种，都会导致儿童对出错感到非常焦虑。约翰逊和琼斯说，"教师或其他儿童的消极反应，不论多么小，都会证明不愿说话的儿童的感受是对的"（2012, p. 9）。当交谈时，我们说的话很少能完美；一定会有错误的发音，或者某一些时刻所说的话让听者难以理解。亚历山大（2008）认为，这是说话相比于书面文字的力量，它是"短暂的"，我们会提供一些不成熟的观点、即兴的想法；而一旦说出之后，我们就可以改变自己的想法，改述或重构观点。正是说话的短暂性让它成为思考的"理想伴侣"。虽然书面文字以当前的形式被永远记录下来，但是说话可以快速、灵活地回应当前的思想和感受。自信的说话者在和其他人说话时不担心出错，但是安静或害羞的儿童总是过度担心自己说的话在某种程度上是"错的"，所以他们需要时间以及教师敏感的支持，从而变得更加自信并加入没有消极反应的对话和互动中。

毫无疑问，害怕说错话通常会导致儿童沉默。当害羞或安静的儿童正在建立自信时，鼓励他们以较为间接的方式与他人合作可能会更有效。

第8章 与不愿互动的儿童互动

英国沟通信任联盟发起的"你好"（Hello）运动（发起于2010年，旨在促进人们理解让儿童和青年人形成良好沟通技能的重要性）建议，害羞和安静的儿童可以通过以下途径获得更多的自信：

- 参加好玩的和鼓励微笑、大笑的活动
- 哼唱歌曲和童谣
- 操作玩偶或毛绒玩具（对一个小熊耳语比回答问题要容易）
- 假装扮演其他人（一个更有信心并能够和他人说话的人）

这项运动拥护儿童保持沉默以及通过倾听和行动而非讲话来参与互动的权利。在与儿童建立关系的初始阶段，教师用词语描述儿童的行动和面部表情。通常，教师的点头或摇头能够表明他们理解了儿童尝试传达的信息，随着儿童的意思被分享和理解，他们会获得自信。如果早期的互动能以这种非言语的方式进行，那么被说话压抑的儿童会从痛苦的沉默和要求重复自己的话中得到拯救。儿童的安静通常是对不确定性的暂时回应。敏感的非言语互动通常会引发他们与体贴的教师和其他儿童进行越来越多的言语交流。如果回应是耐心的，不期望或要求儿童说话，那么大多数害羞和安静的儿童终将成为自信的说话者和自愿的沟通者。

> 与不愿意说话的儿童相处的关键是不要强迫他们说话。

有言语和语言困难的儿童

有一些不愿说话的儿童是因为言语和语言的发展迟缓导致他们产生不安全感。语言的发展迟缓意味着这些儿童比其他儿童需要更长的时间来理解与使用词语和句子。虽然他们的确会经历所有儿童都经历的语言发展阶段，但是他们的发展速度比大多数儿童慢。语言发展迟缓的儿童会发现倾听他人说话是困难的，特别是在大组活动时。他们的词汇通常有限，这让他们难以描述事物、解释想法和回答问题。一般来说，语言发展迟缓的儿童说的话听起来像更年幼的儿童。他们在词语发音和短语结构上会犯错误。这些儿童的句子结构通常是非常简单的，可能仅包含少量的词语，他们会做出相当简略的表述，比如"我玩这里"（Me play here）。他们通常使用一般现在时表达自己，讲话欠缺复杂性；经常附和或重复其他儿童说的话，因为他们把其他人当作榜样来给自己信心。

不同的儿童在言语和语言发展的速度上存在很大差异。许多引起父母担心的儿童，一旦进入早期教育机构，就会很快赶上来。早期教育机构里有很多可以谈论的内容，有花时间与儿童进行互动的教师，还有语言技能发展很好的儿童可以和他们一起游戏、说话。然而，语言发展迟缓也可能由儿童的听力问题引起，因此知道儿童的听力好不好很关键。其他儿童可能有特定的语言问题，他们需要言语治疗师或其他专业人员的专业支持。

有选择性缄默症的儿童

选择性缄默症是一种复杂的儿童期焦虑障碍，其特征是儿童在特定的社交场所不能有效地说话和沟通，比如幼儿园。这些儿童在感觉舒服、安全和放松的场所里可以说话和沟通，比如家中。大部分有选择性缄默症的儿童在3—8岁时会被诊断出来，但是往往直到进入幼儿园或学校，病情才会变得明显。有选择性缄默症的儿童对说话和社交有真实的恐惧，因为在那些场所他们被期待说话和沟通。这种焦虑如此强烈，以至于儿童经常描述他们体验到喉咙被堵住了，这是由肌肉紧张引起的。正是因为被期待或要求说话、互动、回应，而不是儿童主动选择、希望公开地说话，使他们被焦虑困扰。

并非全部有选择性缄默症的儿童都以同样的方式表现焦虑。一些儿童可能完全沉默，在社交场所无法与任何人讲话或沟通；另一些儿童可能有能力与有限的少数人讲话或耳语。在面对特定的社交场所时，一些儿

第 8 章　与不愿互动的儿童互动

童可能被吓得一动不动。受影响较轻的儿童可能看上去放松和无忧无虑，有能力与一个或少数儿童社交，但不能与教师或在大部分同伴群体面前有效地说话和沟通。

有选择性缄默症的儿童需要专业人员的支持，以便帮助他们克服焦虑并习得如何在社交情境中有效地管理焦虑。治疗的主要目的应是减轻焦虑，增强自尊、社交信心和沟通能力。这

> 应该消除所有对于儿童语言表达的期待，因为这会减轻儿童的焦虑，让他们自己掌控何时互动以及是否互动。

也是早期教育机构教师的目的。专业人员建议，不应该将重点放在让有选择性缄默症的儿童说话上。应该消除所有对于语言表达的期待，因为这会减轻儿童的焦虑，让他们自己掌控何时互动以及是否互动。许多支持儿童非言语沟通的策略也适用于有选择性缄默症的儿童。

英国国家医疗服务体系建议，教师需要为儿童创设积极的环境来降低他们的焦虑水平。这意味着：

- 不要让儿童知道你很焦虑；
- 安慰他们，当他们准备好的时候就能够说话；
- 专注于游戏；
- 表扬儿童为加入他人或与他人互动所做的一切努力（比如递或拿玩具、点头、指出）；
- 当儿童开始说话时不要表现出惊讶，要像对待其他儿童一样热情地回应。

孤独症儿童

孤独症谱系障碍是一种影响社交互动、沟通、兴趣和行为的疾病，包括阿斯伯格综合征。孤独症谱系障碍能引起一系列症状，通常分成两个

主要类型：
- 社交互动和沟通问题，包括不能理解和意识到他人的情绪和感受；语言发展迟缓，无法正确地发起、加入对话；
- 局限且重复的思维、兴趣及身体行为，包括刻板的身体动作，比如拍手或扭动，如果设定的常规被打乱会变得沮丧。

孤独症儿童经常受到其他心理健康状况的影响，比如注意缺陷与多动障碍、焦虑或抑郁，且大约一半的孤独症儿童有不同程度的学习困难。孤独症的特征通常在两三岁之前被识别出来。然而，对很多儿童来说，随着他们长大，迹象会变得更明显。

患有孤独症谱系障碍的儿童，其沟通能力的发展与普通儿童相比存在差异，且更缓慢。许多孤独症儿童可能甚至不理解为什么他们应该和其他人沟通，更别说如何有效地沟通。他们对和其他人说话产生焦虑，并经常用一些方法来避免在小组或面对面交流时体验到的不适感。由于感官挑战与此障碍有关，患有孤独症谱系障碍的儿童似乎对环境中的声音比对人们说话的声音更感兴趣，如风扇或吸尘器的呼呼声。他们可能会看起来走神或者甚至没有听人们说什么。

正常发展的儿童通过模仿习得很多关于语言、沟通和互动的内容。正如第2章所述，对母亲和新生儿的观察揭示出婴儿和母亲都会模仿对方的声音、手势和面部表情。患有孤独症谱系障碍的儿童并不像其他儿童那样自然地模仿。他们或者一点都不模仿，或者在使用语言时模仿整个句子（回声语言），但通常并不理解所说内容的含义。不使用回声语言的儿童，他们说第一个词语经常会延迟，并且有时与众不同（如数字或字母表中的字母）。患有高功能孤独症或阿斯伯格综合征的儿童可能掌握大量的词汇，可以使用长句，但是进行社交沟通需要的不仅仅是使用词语的能力。肢体语言、面部表情、眼睛注视、语调——所有这些非言语的线索

第 8 章 与不愿互动的儿童互动

往往比使用的词语更能告诉我们人们的想法和感受（见第 7 章）。要想做一个成功的沟通者，儿童需要知道如何解读和回应非言语线索，以及如何使用这些线索。研究结论表明，缺乏自然模仿的能力会影响患有孤独症谱系障碍儿童的其他发展领域，比如游戏技能以及最重要的共同注意（Ingersoll，2008；2012）。

学习用玩具和物品模仿动作是学习模仿人类的第一步，因为物品模仿相比于其他形式的模仿，如模仿手势、面部表情或声音，对孤独症儿童来说更容易（Ingersoll，2008）。然而，并非仅与教师的互动需要支持和示范。所有儿童都会从与同伴的互动中学到很多（Reszka et al.，2012）。韦茨曼和格林伯格（Weitzman & Greenberg，2002，p. 185）指出："通过同伴互动，儿童发展从另一个人的视角看待事物的能力。他们学习做出妥协、解决冲突、与他人分享、合作和协助。他们也学习如何谈判和维护自己……为了成为适应良好的人，儿童需要与其他儿童互动。"但是，孤独症儿童不太可能发起社交或回应他人发起的社交。由于这个原因，他们获得上述技能的能力受到损害，因而他们可能"面临被社会孤立和被同伴拒绝的更大风险"（Reszka et al.，2012，p. 40）。

雷斯卡和同事（Reszka et al.，2012，p. 53）探究了儿童社交行为和教室背景特征之间的关联，发现患有孤独症谱系障碍的儿童在以下情境中更频繁地与同伴交往。

- 在"图书区"和参与图书相关的活动时：图书可能提供了一个具体的方式来帮助孤独症儿童发起和维持社交（比如展示图片或谈论图书的主题）。
- 在"食物/点心区"：这与正常发展的儿童相反，正常发展的儿童在进餐期间与同伴交往较少。用餐时间是由大家建构的，儿童坐在离同伴很近的地方。这些特征可能会促进孤独症儿童的同伴互动。

互动还是干扰？

- 在粗大运动活动期间（如游泳、骑车、推拉小推车等）：因为粗大运动活动通常是孤独症儿童偏爱的活动，这可能有助于增加社交互动。
- 在有一两个同伴的小组中，或有教师在场的大组（三个或更多的同伴）中：当有教师在场时，孤独症儿童在大组活动中的互动更频繁，这一发现与其他研究的发现相反。其研究表明，孤独症儿童和其他残疾儿童在小组环境中的互动更多。
- 在儿童发起的活动中：研究者建议，"允许儿童选择自己的活动并提供自主的机会，对于促进残疾儿童独立性的发展以及残疾儿童与同伴间的社交互动可能特别重要"（Reszka et al.，2012，p. 53）。

将英语作为第二语言的儿童

据估计，大约2/3的世界人口至少会说两种语言，还有许多人会说两种以上的语言（Baker，1996）。儿童进入早期教育机构时，已经有能力使用另一种非英语的语言应该值得庆祝。研究表明，能够使用双语有很多益处，例如：

- 双语儿童能更好地把注意力集中于相关信息并忽视干扰因素（DCSF，2008b；Poulin-Dubois et al.，2011）；
- 双语学习者已被证明比单语学习者更擅长计划和解决复杂的问题（Marcos，1998；Paradis et al.，2011）；
- 对于说双语的成人，衰老对其大脑的影响可能会减弱。

对早期教育教师而言，重要的是明白能够沟通和能够用英语沟通的区别。大部分双语和多语儿童进入早期教育机构时已能够有效地沟通。他们需要学习的是英语，而非沟通。

第 8 章　与不愿互动的儿童互动

像所有其他儿童一样，将英语作为第二语言的儿童正积极地理解环境，虽然缓慢，但肯定会涉及使用语言。然而，他们往往需要两年才能达到流利对话的水平（DfES，2007），所以教师需要理解自己在支持儿童建立对新语言的信心和能力方面所发挥的作用。通常，儿童学习一种新语言会经历一个"沉默期"，这个阶段他们还没有信心说话（Lowry，2011）。但是，随着儿童语言的发展，对单词和短语含义的理解与使用之间存在一个时间差。儿童先是通过倾听，随后通过使用它沟通来学习一门语言。卡罗尔和奥康纳（Carroll & O'Connor，2009）提醒我们，不要仅仅因为儿童不能回答就停止与他们说话。即使在沉默时，英语作为第二语言的儿童仍然在倾听和接收英语，以及研究这门新语言的重要方面，比如一个单词在哪里结束，另一个单词从哪里开始。在此期间，英语作为第二语言的儿童需要被新语言的单词、短语和结构围绕，以便他们在准备好时开始模仿和发声，这一点非常关键。如果儿童得到了正确的支持，他们通常就会从这个阶段发展为健谈的个体，然后通过大量交谈学习新语言，以便重复和练习听到的内容。塔索尼（Tassoni，2013）的建议是，直到他们能够自如地说话之前，绝不强迫他们说话。

> 将英语作为第二语言的儿童需要学习的是英语，而非沟通。

儿童通常在家中习得第一语言。他们被说话者围绕，听到语言被用于真正的目的和有意义的情境，被鼓励加入对话并尝试使用声音和词语。学习第二语言需要完全相同的体验。为了学习课程，第二语言学习者需要（改编自 Carroll & O'Connor，2009）：

- 轻松、无压力、热情的室内外环境，从而感到安全。尤其是户外环境（特别是森林学校）为许多儿童提供了语言冒险的自由；
- 可以快速为他们提供情感安全和可预测语言的常规，如"回家时间"；

◯ 互动还是干扰？

- 有助于他们理解所使用语言的视觉线索，例如，用图片表示"现在是点心时间"这一句话的含义；
- "驻足凝视"的时间，慢慢地接受并理解事物；
- （在准备好时）有很多的机会全身心地投入自发活动中，这些活动在适宜儿童发展的水平上提供认知挑战，这可能带来比他们的英语水平更丰富的英语内容；
- 有很多机会和同伴一起自由游戏，从同伴那里听到和学习语言，与同伴在一起时可能最有信心试着说出第一个词语。

对于第二语言学习者，教师需要：

- 热情地予以关注，成为亲密的且明显对儿童正在做的事情感兴趣的人；
- 回应他们的非言语行为和手势，帮助他们感到被接纳和理解；
- 在他们尝试被他人理解时，给予敏感的、热情的和鼓励的反馈；
- 提供机会让他们感到被包容，知道自己是团队的一员，但不会感受到因加入或付出而产生的压力（永远不要因为你觉得儿童不能理解而拒绝儿童加入互动）；
- 提供时间让他们处理别人对他们说的话，并有时间仔细思考他们想说什么；
- 利用比画、动作和姿势——作为所有儿童的工具——促进自己与将英语作为第二语言的儿童之间，以及儿童与儿童之间的合作；
- 使用简单、重复的语言让儿童模仿基本词汇；
- 有机会分享简单的书籍，特别是有重复性词汇和清晰图画的图书；
- 在阅读书籍或吟唱童谣时使用道具；
- 提供机会让儿童以合作的、不依赖共同语言的方式与教师和其他儿童分享自己的兴趣点。

第 8 章　与不愿互动的儿童互动

英语学习者特别受益于等待时间（见第 9 章），他们需要比通常给予的更多的时间来加工语言。有效的教师承认，使用一种陌生的语言需要付出艰苦的努力（Carroll & O'Connor, 2009）。所以，除了给将英语作为第二语言的儿童提供适合个体语言和沟通需求的差异化支持，以及给予儿童所需的时间来理解问题或评论并做出回应之外，教师也需要在一天中的不同时间给儿童大量的机会来放松和休息大脑，让他们在下一次用陌生的语言交流时仍能高度集中注意力。

敏感的教师也认可儿童与同伴和教师交流时使用第一语言的权利（尤其是当第一语言可以鹰架思考时），以及听到母语中关键词的权利（尤其是可以抚慰或牢记家人的短语，比如"妈妈很快就来了"；或者生存性语言，比如"厕所""饿了"）。

卡罗尔和奥康纳（2009）认为，教师有责任积累关于新的、陌生的语言的知识。

教师需要：

- 知道儿童姓名（以及其父母姓名）的正确发音，这可以大大提高儿童的认同感和自尊；
- 尽可能提供双语支持，并鼓励双语教师分享自己的专长：也许可以让只说一种语言的教师每周学习一个新的短语或一首新歌，并支持他们练习和正确地发音。

最重要的是，有效的教师认识到将英语作为第二语言的儿童使用英语的能力并不代表他们认知、情感或社会性发展的水平。与将英语作为第二语言的儿童互动，尤其应该与他们的发展阶段相关且有意义，并利用当时有趣、吸引他们的东西。

◯ 互动还是干扰?

手语作为沟通的方式

越来越多的早期教育机构把手语作为一种不需要通过言语互动来支持全体儿童沟通的方式。手语非常有益于由于上述探讨过的一系列原因而不愿说话的儿童,在一些服务于耳聋或听力不好的儿童的机构中也很有价值。

对口头表达能力有限的儿童而言,手语是一种快速、有效地与他人沟通的方式。手语使用标准的手部动作和姿势,让儿童可以被他人理解的同时,也能帮助他们理解其他人说了什么。当儿童有言语或语言问题时,手语可以让他们的信息更清晰。它可以用来配合或代替说话。对语言能力发展迟缓的儿童而言,手语可以:

- 在言语发展的同时提供沟通的方式;
- 减少挫败感和行为问题;
- 帮助理解词语的含义;
- 帮助发展更复杂的思维技能。

英国使用不同的手语系统,最常见的是英国手语和默启通手语。英国手语于2003年3月被英国政府承认为一种语言,它是英国许多聋人社群的第一或首选语言。这种语言利用空间和手部、身体、面部、头部的动作。它是一种视觉手势语言,有自己的语法和规则,完全不同于英语的语法结构。英国手语也有地域差异。例如,在苏格兰使用英国手语的人使用的手势可能与萨默塞特郡的人不同。

如果儿童进入使用英国手语的早期教育机构,那么他们的家人将在家中使用这一沟通工具,教师也要利用自身的专业知识,并主动学习教授该语言的课程。

默启通手语是一个使用标志和符号的语言项目,帮助比使用英国手

第8章 与不愿互动的儿童互动

语更广泛的人群进行沟通。它被设计用来支持在沟通方面有学习困难的教师、儿童，但现在越来越广泛地用于正在学习说话的儿童。默启通手语使用标志（手势）、符号（图片）和语言帮助沟通。标志与语言一起使用，以口语字词的顺序，有助于提供关于某人在说什么的更多线索。标志可被用来帮助那些不能说话或说话不清楚的人。符号可以帮助那些语言有限和不能说或不想说的人。标志和符号既可以用作主要的交流方式，也可以用作支持口语交流和早期语言发展的方式。有了默启通手语，儿童和教师可以直接使用这些标志和符号进行沟通。随着语言能力的发展，许多人会根据自己的节奏自然地舍弃标志和符号。

分析你的实践

这些是牛津郡教师在分析他们与那些不愿互动的儿童互动中发现的有效实践的特点。

鼓励不愿说话的儿童讲话的互动特点

- » 儿童在准备好之前没有被迫说话。
- » 儿童参与对他们有意义的对话（没有被迫）。
- » 关注和评论儿童的游戏、活动及兴趣。
- » 儿童任何说话的尝试都被倾听和耐心等待。
- » 儿童说的任何词语都会得到反馈，可能会增加额外的词语来丰富儿童的语言，如儿童说了"妈妈去商店"，教师拓展为："是的，妈妈去商店买一些面包。"
- » 儿童没有被盘问或要求当场回答问题或说话。

互动还是干扰？

阻碍不愿说话的儿童讲话的互动特点

» 儿童被迫说话。

» 儿童被置于社交环境中，他们必须"轮流"说话，不管愿不愿意。

» 儿童如果不回复，教师就会变得不耐烦，好像儿童不听话一样。

» 其他儿童取笑不愿或不能说话的儿童。

» 在早期教育机构中不鼓励儿童使用母语。

 转录 8.1　海伦和纳迪姆的画

英语是纳迪姆的第二语言，他刚来幼儿园。教师知道不应该迫使他说话，因此坐在他旁边画画，想看看这是否能鼓励他进行对话。然而，在结束的时候，想要"打破沉默"的念头压倒了她，但这并没有鼓励纳迪姆交流。

教师与纳迪姆坐在同一张桌子旁边，拿了一张纸。她什么都没说。纳迪姆停止画画，有点疑惑地看着她。教师没有抬头，继续画画。40秒后，纳迪姆再次不确定地看着教师，教师还是没有看他。纳迪姆看了看她的画，然后画自己的画。55秒后，纳迪姆又一次看着教师，这次教师抬起头朝纳迪姆微笑。她靠近纳迪姆的画看了看，但是什么都没说。

在1分13秒时，教师再次靠近纳迪姆的画。

A：真可爱。

另一个儿童过来向教师展示自己做的东西。她向这个儿童点头并微笑，但是什么都没说。教师继续画画，纳迪姆看着教师，想知道她在做什么。在1分58秒时，

A：纳迪姆，你非常擅长画画，对吗？你画的是什么（尽管它很明显是一栋房子）？

第 8 章　与不愿互动的儿童互动

C：一栋房子。

A：一栋房子？它很可爱（纳迪姆继续画画）。我要试着画一栋房子。我也可以试试吗？

C：可以（他没有看教师）。

A：它是别人的房子还是你的房子？

C：我的房子。

A：你的房子。

他们沉默地画了 15 秒，然后教师再次看纳迪姆在做什么。这一次她什么都没说，继续画画。又过了 1 分 9 秒，从开着的门吹进来的风把教师的画吹到了地上，她起身去捡。

A：噢，我的画掉到了地上，纳迪姆（他害羞地微笑）。你觉得怎么样？（纳迪姆不确定地看着她）你觉得怎么样？（他没有回答）哪个更好？你的更好吗？（他低头看自己的画并没有回答）不确定？

4 分 41 秒时，纳迪姆再次看向教师，然后迅速低下头。

5 分 10 秒时，

A：你知道吗，我真的很喜欢画画，纳迪姆（纳迪姆没有抬头）。

5 分 26 秒时，纳迪姆抬头，教师又一次看了看他的画。

A：那也是你的房子吗？

C：它是一栋大房子。

A：它比那个更大，是吗？（指着）

C：我可以画一栋真正的大房子。

A：是吗？

C：是的。

A：你准备在那里画吗？（指着）（他没有回答）你准备画一栋真正的大房子吗？（他没有回答）你想要……你准备在这里画还是在另一张纸上？（他没有回答，继续画自己的画）或者你准备画完这个？（他没有回答）

分析

教师和儿童都没有放松。教师知道纳迪姆不应该被迫说话，但是她没有意识到自己需要和纳迪姆说话。如果她告诉了纳迪姆为什么自己和他坐在一起，以及她准备做什么，那将很有帮助，可以让纳迪姆不那么疑惑。她应该评论自己的画和他的画，而不是问他一些自己早已知道答案的问题（并且纳迪姆也知道她知道答案，这就使他更加困惑）。这些问题是没有意义的，答案是单一的，因此纳迪姆不能练习或拓展词汇。当纳迪姆确实放开了一点后（关于第二栋房子），教师并没有通过给予一些个人评论或有益的陈述来维持互动，反而用一句"是吗"结束了互动。最后，因为之前她得到的反馈很少，教师发现自己没完没了地问了一系列问题，这些问题没有一个得到回复。纳迪姆在这个过程中感到不适，并且也不太可能期待与教师再次进行类似的互动。不愿说话的儿童需要有意义的说话理由。这次的互动让教师和儿童都盼着结束。

问问你自己：儿童从中获得了什么？

可以参考第 3 章转录文字后的"儿童获得了什么"中的内容。

 转录 8.2　凯特和路易丝的巴士

路易丝是一名小班幼儿，她选择在地毯时间或其他儿童面前的任何正式学习情境之外说话。教师看到她正在做一个模型，于是跪在手工桌旁边，看看能否发生对话。

C：我正在做一辆运食物的巴士。

A：运食物的盒子还是巴士？

C：运食物的巴士……这些是轮子……一、二、三、四……还有一个

第 8 章 与不愿互动的儿童互动

轮子在车顶上。

A：车顶上的轮子是做什么用的？

C：备用的。

A：以防发生事故……或者爆胎？

C：爆胎。

A：我的车有一个备用轮胎……它在后备厢里，不是在车顶上。

C：我爸爸的车没有……

A：你爸爸的车没有备用轮胎？

C：没有……我有两个爸爸。我有一个继父叫作弗兰克，他喜欢接我。我有另一个爸爸，他住在我奶奶黛比的家里……那是他妈妈的家。

A：那是他妈妈的家，是的。

C：是，那是我的奶奶。

A：没错。很多家庭都是这样。（路易丝沉默地工作了一会儿）所以我妈妈的妈妈是我的外婆，我不叫她奶奶，我叫她外婆。

C：那是我的奶奶。

A：是的，我不叫她奶奶，我叫她外婆。

C：她有一只叫点点的狗（她停下手中的模型，看着教师）。但是它死了，它肚子疼，所以它现在死了（她继续做模型）。就像我的奶奶去世了，还有我妈妈的妈妈。

A：你妈妈的妈妈也去世了？身体不好或者老了，有时会发生这种事情。我外婆有一只狗叫查理。

C：我奶奶的狗叫点点。她现在住在凯特姑妈的房子里。

A：奶奶住在凯特姑妈的房子里？

C：不，她住的是另一栋房子。她在超市工作，我有时去那里购物。

A：是的，我有时去那家超市购物，有时去别家超市购物。我不是很喜欢购物。

> 互动还是干扰?

分析

关于路易丝奶奶和她家庭生活中复杂的人员的对话又持续了几分钟，越来越详细。路易丝更愿意与教师互动，因为教师十分专注（不需要在地毯时间和其他人共享教师的注意力），也因为她正在用手做一些东西（一辆非常有想象力的"巴士"，在其建造过程中使用了一系列技能），这给了她说话的自信。教师的肢体语言（跪下来与儿童的视线平齐）和对话方式（专注但不越界）让路易丝感到放松且愿意互动。

教师使用真实的问题来澄清她对路易丝所说内容的理解（"运食物的盒子还是巴士"），随后提供了个人信息（"我的车有一个备用轮胎……"）让对话保持流畅，而不是询问路易丝关于模型的问题（比如"这辆巴士有多少个轮子？""你准备拿什么做轮胎？""这辆巴士要去哪里？"）。如果路易丝在一对一的情形下持续进行这种放松、拓展的对话，那么她可能很快变得不那么排斥在大组中回应教师。

问问你自己：儿童从中获得了什么？

可以参考第 3 章转录文字后的"儿童获得了什么"中的内容。

总　　结

儿童不愿意互动可能有很多不同的原因。我们已经看到，可能是因为他们害羞、焦虑，或者仅仅是因为他们还没有学会这门语言。可以明确的是，不能因为他们难以对话，或因为与能说会道的儿童交流可以得到更满意的互动而忽视这些儿童。所有教师都需要发现不愿互动的儿童，并寻找方法来支持他们更有准备地交流。从专门研究如何支持不愿说话者进行交流的专家那里得到的信息是相当一致的：不要施加压力让不愿

第 8 章 与不愿互动的儿童互动

说话的儿童说话。压力只会让儿童更不愿说话，抑制他们的发展。不愿说话的儿童需要沐浴在温暖的语言中，这包括说话被认为是有价值、有目的的情境，以及当他们准备好时可以体验安全地说话的情感环境。下一章将阐述哪些提问往往会抑制而非鼓励儿童互动，阻碍他们的学习。

 自我反思

1. 我是否识别出机构中不愿说话的儿童？
2. 我是否理解他们为何不愿说话？
3. 我是否有支持他们的专业知识和技能？或者我是否知道该向谁寻求帮助？

第 9 章

有效的提问与无效的提问

"提问往往会打断儿童的思考，干扰他们的学习。"

教师向儿童提问在英国是个很久远的传统。确实，提问和我们所知的关于教学过程的最初描述一样古老（Harrop & Swinson，2003）。显然，为了能更好更多地了解世界，我们毕生都会使用提问这一重要技能。但本章要讨论的是：与问题解决相关时，我们将何时且为何提问？与批判性思考相关时，我们将何时且为何提问？与儿童建构对世界的理解相关时，我们将何时且为何提问？在早期教育阶段，教师的提问是否比儿童多？为何提倡儿童自发的学习和主动的探索？教师会用提问策略控制儿童的学习并将此权力掌控在自己手中吗？本章将论及有效的提问及无效的提问，以及教师可用以替代提问的策略。

互动还是干扰？

聚焦于婴儿和学步儿

牛津郡成人－儿童互动研究项目成员在分析提问对儿童的影响时提出一个假设：教师对儿童的提问会随着儿童年龄的增长而增加。他们认为，向儿童提问的数量存在稳步增加的趋势，即教师在婴儿室（婴儿无法作答）中的提问很少，在2岁儿童班中教师根据外在计划的要求，提问会达到高峰。但事实并非如此。研究发现，牛津郡的教师在婴幼儿班级的提问数量最多，在5—6岁儿童班级的数量紧随其后。

婴幼儿教师提了大量如下问题：

"我们可以去睡觉了吗？"

"你想不想换个尿布？"

"你是不是想妈妈了？"

很明显，教师并不指望婴幼儿回答问题，要是婴幼儿真的回答了，教师恐怕也会吓一跳，因而这个问题就变得很有意思，为何提问会成为教师和婴幼儿交流的普遍方式呢？婴儿教师在反思中说，他们通过提出这些问题试图解读婴儿的声音、姿势和哭声。在婴儿室录下的问题呈现出教师尽可能地和婴儿调谐，猜测婴儿努力表达的意思。正如第3章所述，教师一旦对婴儿有了充分的了解，他们便能做出关于不同哭声试图传达什么信息的最好假设。

婴儿教师的提问实际上是他们自己的内部对话，因为他们并不指望婴儿回答，而是通过提问审视自己的思考。看似向婴儿提问实际是在向自己发问："宝宝想要什么呢？""他是要换尿不湿了吗？""她这么哭闹是因为要长牙吗？"伴随着"妈妈语"（见第2章）的使用，婴儿通过成人的提问知道自己是成人关注的焦点，成人正以这种方式努力和他们的需要相协调。提问也是提供机会让婴

第9章 有效的提问与无效的提问

儿体验最开始的轮流。当关注婴儿的教师提出问题后，他们会看着婴儿，"听"婴儿"回答"，婴儿的微笑、咯咯笑、腿部或头部稍有动静都可视为婴儿做出的"回答"，教师会依此进入下一轮的交流。婴儿室的提问和回答是教师和婴儿双方共同参与的，在这种初始的对话中，轮流发挥着重要作用。

为什么提问

提问的原因，很大程度上取决于谁来提问。蒂泽德和休斯（1984）认为，提问是儿童理解世界的方式。由于好奇心的驱动，他们常常在内心问很多问题，这是约翰逊所说"对学习至关重要"的一种态度倾向（2007，p. 81）。然而，教育者却常常怀有不同的目的。他们的提问往往是检查儿童知道了什么，能回忆什么，而不是引导他们探索未知。

在现实生活中，我们因困惑而提问。问问题是为了弄明白什么事或者更深入地了解一些事情。然而，教师反复提问的往往是他们已经知道了答案的问题。他们提问是为了肯定已有的假设（某个儿童已知或尚不知道答案），有时也是为了确认自己是否做对了。由此，教师常常为满足自己的目标而抑制儿童的好奇心，削弱他们探索、创造的意图。

> 提问往往是检查儿童知道了什么，能回忆什么，而不是引导他们探索未知。

谁 在 提 问

吉姆·迪龙（Jim Dillon）认为，在教育情境中，"通常的做法是引导学生用别人的答案回答别人提出的问题"（1990，p. 7），而且"一般来说，教师往往比其他任何人都要说得多，甚至是比其他任何人加起来说的还

互动还是干扰？

> 对于教学质量的评价为何不是基于儿童提出的问题，反而是基于教师提出的问题呢？

要多"（1981a，p. 51）。无可辩驳的是，英国的幼儿园中提问最多的是教师。鉴于学习源于好奇心而好奇心又触发了提问，那么对于教学质量的评价为何不是基于儿童提出的问题，反而是基于教师提出的问题呢？

哈罗普和斯文森（Harrop & Swinson，2003）的研究揭示了教师提出的问题数量和儿童提出的问题数量之间是不平衡的，这一现象由来已久。100多年前，史蒂文斯（Stevens，1912）在对教师的提问数量进行的研究中，发现美国的高中教师平均每天提出400个左右的问题，且几乎没有学生直接问与学习相关的问题。后来，弗洛伊德（Floyed）研究发现小学教师每天提问数量大概在348个左右。1984年，布朗和埃德蒙森（Brown & Edmomdson）记录许多类似的研究，概括出教师平均每小时大约提100个问题。之后，高尔顿等人（Galton et al.，1999）估计，约16%的课堂时间被用于教师提问。这和在家里的对话形成了鲜明的对比。蒂泽德和休斯在1984年的研究以及威尔斯在1983年的研究均比较了在家庭和学校中的对话，揭示出教师提问数量的比例远比母亲的要高。在家里，母亲倾向于回应儿童的提问，而不是主动提出自己的问题。

从牛津郡成人-儿童互动研究项目的数据分析来看，自史蒂文斯20世纪初的研究后历经大约100年，情况却并没有发生重大的变化。参与研究的机构以间隔5分钟取样的方法记录教室中的问题，其中教师所提的问题占94%，儿童的占6%。在儿童提出的问题中，仅有2.3%和学习相关。

为什么教师会有如此多的提问需求呢？他们又为何似乎对自己的问题更感兴趣，而不是儿童提出的问题？在我看来，还远没有到需要平衡教师提出的问题和儿童提出的问题的地步。因为当前的教育者还非常坚定地把提问当作他们的一项看家本领。在观察婴幼儿的活动室时，我们发

第9章 有效的提问与无效的提问

现教师似乎觉得自己有这样的义务：用提问填满所有安静的时间；用提问打断儿童的探究；用连珠炮一样的提问和儿童进行所谓的互动。观察还揭示了这些问题的使用频率，我相信教师的意图是强化和拓展儿童的学习，但更多的时候适得其反。牛津郡成人－儿童互动研究项目的数据显示，问题常常会：

- 打消儿童的想法；
- 偏离儿童的思路；
- 扰乱儿童的思维；
- 打断儿童的思考。

 转录9.1 打消儿童的想法

3岁儿童所在班级的圆圈时间，儿童必须说一说自己的感受并将他们的名字卡片放进合适的容器。

A：你今天感觉怎么样，赛义德？打算把名字卡片放在哪里？放进快乐的托盘还是悲伤的托盘？

C：悲伤的。

A：是吗？你确定？你今天在笑啊。你在笑，看起来很开心。为什么要把你的卡片放在悲伤的托盘上？

赛义德把名字卡片从悲伤的托盘里拿出来，放到了快乐的托盘上。

 转录9.2 偏离儿童的思路

一群女孩正从外面的水龙头用水桶接水，倒进一个大沙坑里。菲奥娜一直在看着水消失。

C：不见了，不见了。

互动还是干扰？

A：是的，沙子吸收了所有的水分。看，现在沙子变湿了。

C：快告诉警察叔叔，把小偷抓到监狱里去。

A：看，所有的水都被吸收掉了，哇，真是太神奇了。

 转录9.3　扰乱儿童的思维

在全班活动中，教师拿起了一个正方形。

A：这是什么？

C：正方形。

A：这不只是一个正方形吧，对不对，黛西？

（等待，但是没有答案）

A：这是个什么样的正方形？

（没人回答）

A：这个正方形有什么特殊之处？

（没人回答）

A：这个正方形没有怎么样？

（没人回答）

A：天呐，我还以为你们都懂了呢。

 转录9.4　打断儿童的思考

"9·11"事件后不久，三个男孩正在用乐高建塔，他们把它搭起来推倒，然后重新搭再推倒。教师在他们旁边蹲下来。

A：哇，你们搭了好大的塔。

C：它们是很大的塔，那个飞机要去撞它，还要……还要……

A：你们觉得谁搭的塔最高呢？

第 9 章 有效的提问与无效的提问

不同类型的问题

要认识到问题有不同的类型，而不同类型的问题适合不同的目的。关于提问，流传最广的一个误区是，"开放性问题"是好问题，"封闭性问题"则是不好的问题。比如，约翰逊（2007，p. 88）声称"有效教师提出的问题往往是开放性问题"，还有许多其他的例子，无一例外地陈述开放性问题的作用。下文将挑战这个过于简单化了的命题。不同的问题有着不同的目的，教师需要保持敏感，在正确的时间使用正确的问题。

开放性问题和封闭性问题

不同的教师提出的问题主要分为开放性问题和封闭性问题。不同的研究者用些微不同的定义描述这两类问题的区别，但以下所述两者间的不同基本上是大家都接受的。

封闭性问题只有一个答案（答案往往很短，通常是"是"或"不是"）。

"你觉得现在更快吗？"

"在黑暗中的猫头鹰是不是吓坏了？"

开放性问题的答案有不同的可能性（没有一个答案一定是正确的）。

"如果我们把这个举得更高，可能会发生什么？"

"我想知道泡泡破了以后会去哪里？"

牛津郡项目的数据显示，早期教育教师在想要一个封闭的答案时一样可以问出开放性问题。换句话说，尽管教师的头脑里已经有了一个期待的答案，但是他们依然能够提出一个似乎答案是未知的而且有很多可能性的问题。当儿童被告知他们的答案是错误的时候，他们会因此感到沮丧和困惑。

高阶和低阶的问题

关于开放性问题好而封闭性问题不好的简单假设可能来源于一种信念，即开放性问题需要高阶思维参与，而封闭性问题只需要低阶思维参与。"高阶思维"一词的意思是指相比简单地回忆事实或者知识（低阶思维），儿童需要做更多的认知加工。这类思维因给儿童提供了运用他们所知以及在不同的情境下分析、评价思考过程的机会，而被看作有价值，具有重大的教育意义。在运用高阶思维的过程中，儿童需要彻底全面地思考问题，推理、做决策，并发挥想象提出假设。

这两类问题的定义或可总结如下。

高阶问题：指需要对信息进行加工并反思的问题。例如：

"我想知道爱是什么样子的？"

"是什么让你快乐或悲伤？"

低阶问题：指仅需要回忆信息的问题。例如：

"你想要粥还是麦片？"

"戴着毛帽的那个男人是怎么说的？"

人们通常借鉴本杰明·布鲁姆（Benjamin Bloom，1956）的研究来帮助理解思维形式从低阶向高阶渐进的过程。他提出问题层级理论的目的是鼓励教育者关注以下领域：（1）认知（知识/头脑）；（2）情感（感受/心灵）；（3）心理动作（行动/手）。他认为，为了达到更高阶的思维，学习者需要较低水平的必备知识和技能。

在牛津郡的数据分析中，项目参与者记录了其他三种类型的问题，也是早期教育教师经常会使用的。

第9章 有效的提问与无效的提问

- "已知"的问题
- 毫无意义的问题
- 管理方面的问题

"已知"的问题

杜兰特（Durant，2013）对已知的问题这样描述：教师提出问题，但他们已经知道了答案。由于高阶思维可能挑战儿童超越事实和知识的思考，因此儿童必须更加创造性、批判性地运用思维，教师必须花时间了解儿童已知什么、记得什么。如第6章所述，教师主导学习活动的目的是在明确儿童已有经验的基础上为他们计划下一步学习经验，而最直接的方式是向他们提问。这类问题几乎可以确定就是"已知的问题"，教师已经知道了答案，但他们希望从儿童那里获得确认。关键是，这类问题（多为封闭性提问）应该只占教师提问策略的一小部分。遗憾的是，事实并非如此，如下文所示。

经常提问明显有已知答案的问题会让儿童感到疑惑，教师需要对此保持敏感。我经常想起雅基·卡曾的书《聆听4岁幼儿》（*Listening to Four Year Olds*，Jacqui Cousin）中的一个孩子，作为对教师无意义提问的回应，他提出了一个尖锐的问题："你为什么总问小孩一些你明明知道答案的问题？像是……像是……这是什么颜色？你明明可以看见它是红色的……为什么要不停地问问题呢？"（1999，p. 30）只有进入早期教育机构中（而不是在家里）的儿童才会被问到此类问题。当儿童发现教师对事情没把握，常常需要问那么明显又很陈腐的问题时，他们一定会感到有些困惑。

毫无意义的问题

牛津郡数据中有大量的问题是没什么意义的。没意义是指教师虽已和儿童所做所思同频，但问题的答案就在儿童的行动中。

互动还是干扰？

"你想用这个盖子做什么？"（这时儿童正好把盖子盖在管子上）

"龙会伤害公主吗？"（这时小龙正把公主扫到空中，然后离开）

在这样的时刻，儿童通常会给你一个眼神，意思是"你为什么要问我这个问题""这跟其他事情有什么关系"。这类无意义的提问似乎出于两个主要原因。首先，教师没有与儿童充分同频，如果不问一个会打断他们的问题，对儿童正在调查、探索或玩耍的东西就没法推断。其次，教师害怕出现沉默。早期教育教师（稍大年龄班的教师同样如此）似乎心理上总有东西强迫他们填补安静的时刻。通常，提问就是最好的填补方式。如本章稍后可见，有时沉默是金，提问仅仅是让我们觉得好像是通过自己的努力创造出某种意识，而这些问题对儿童而言却是无休止的干扰。

管理方面的问题

随着参与项目的儿童年龄渐长，越来越多教师的问题涉及管理。这类问题被提出的目的是加强控制、组织，以确保班级活动顺利开展。

"现在你要过来坐在地毯上吗？"

"请把你的书放在小托盘上，准备好阅读了吗？"

有时，这些问题是为了改变儿童的行为，比如："本，你觉得可以对威廉做这样的事情吗？"有时，提问是为了掌控讨论。迪龙（1981a）提出，当一位教师带着一组儿童时，提问提供了一种"一人掌控多人"的互动画面。换言之，提问能激起对话，改变对话的过程，中止对话或介绍新的话题或想法，保障教师在交流过程中的绝对掌控权。

第 9 章　有效的提问与无效的提问

用提问来掌控

教师对机构中发生的对话有着一种特殊的掌控感。在幼儿园，尤其是当一组儿童在一起时，谁可以讲话、讲什么内容、什么时候开始以及什么时候结束都由教师决定。蒂泽德和休斯（1984，p. 279）在关于家庭和学校中的对话的研究中，总结道："教导，这种后续学校教育中的互动特征——以教师为主导的模式在幼儿园阶段就已经建立起来了。这无疑反映了师幼之间一种内在的力量关系。儿童很快学会了扮演回答问题而不是提问者的角色。"伍德（1980，p. 77）提出，儿童的学习兴趣常常不经意间就被"师幼对话的力量结构"削弱。伍德和同事们凭借教师和儿童之间的对话转录，强调这种结构上的不平等。在充分考虑教师交流策略较高的圆熟程度后，研究发现，在和儿童的互动过程中，40%以上教师提出的举措都可被归类为"控制性"举措问题。该研究还发现，儿童提出的与"举措"相关的问题仅占7%。伍德和同事们从记录中发现了一个最显著的特点，"（教师）忽视儿童，说服他们并且通常情况下会控制进程"（p. 65）。接着，他们还总结了教师过度使用提问、专注于管理对话等"控制"举措的倾向对儿童回应或参与班级对话的方式有明确的影响。例如，较多采用控制举措的教师往往会被怀有管理意图的儿童接近。经常使用开放性提问刺激儿童好奇心的教师也往往会从儿童那里听到更多问题。

迪龙提出，当提问被用作一种控制方式时，"提问和回答这种关系就会成为依赖性和被动反应的温床"（1981a，p. 53）。教师常常通过封闭性提问将控制权牢牢掌握在自己手里，随之而来的是儿童深陷低阶思维的沼泽。

> 我问这个问题是为了自己，还是为了孩子？

◎ 互动还是干扰？

儿童的回答

> 问题的好坏取决于他们得到的答案。（Brown & Edmondson，1984）

不是所有的问题都需要回答。我们发现，有些问题是反问句。尤其对婴儿，提问者的问题往往是为了猜测和解释婴儿的信号与线索，并非真的想探出信息。有些问题只是假设，带有可能性或植入一种可行的想法，让儿童在开心时继续思考。这些问题并不要求儿童现场回答，不会给他们必须做出回应的压力。在《兔脑龟心》（*Hare Brain, Tortoise Mind*，1997）一书中，作者克拉克斯顿提出，儿童思维和观点的质量是在他们享有充分的时间回应、概括并按照自己的节奏验证想法的情况下得以提升的。

儿童回答问题的尝试

有研究表明，儿童会非常努力地弄清楚教师的问题，尽管有些问题是有意胡诌的。20世纪80年代，在一些有趣又不乏启发性的研究中，唐纳森等人问了儿童一系列无解的问题，比如："牛奶比水大吗？""红色比黄色重吗？""有一天，两只苍蝇爬上了墙，哪只苍蝇第一个到达墙顶？"研究者发现，儿童非常善于弄清教师的问题，并总能给出一个答案。无论问题多么荒谬，儿童看起来总是相信弄清教师到底在说什么是他们应该要做的（见转录5.2）。

倾听儿童的答案

考虑到教育者问问题的数量，人们会以为他们在倾听回答方面也很有经验。但有研究表明，有的人问出问题之后最难做到的一件事情，就是倾听他们所接收的答案。这对一些教育者而言似乎特别困难。这些人问问题时想听到的是和内心确定的答案一致的回答，这就会将他们禁锢在

第9章 有效的提问与无效的提问

他们想听到的可能答案的范围之内,或者会令他们对接收到一些预期之外的答案毫无兴趣,并感到烦扰。

因此,在等待一个正确答案时是没办法听见其他答案的。在忙于思考下一个问题是什么时,也很难听到答案。当教师对自己提什么问题的兴趣高于对儿童的答案的兴趣时,前一个问题和后一个问题之间的空间就被如何形成一个新问题占据,而不是倾听儿童的回答(见转录9.1)。

"等待时间"

教师如果能学习在提出问题和期待答案之间进行长时间的等待,就会对学会倾听儿童有显著的帮助。回到1974年,罗(Rowe)回顾的许多研究都显示,在儿童的回答和教师提出下一个问题之间间隔时间往往不超过1秒钟。罗和该领域的其他研究者建议"等待时间"为3~5秒钟。然而,几个10年过去了,斯威夫特和古丁(Swift & Gooding,1983)声称,他们的研究表明,即便是将教师的"等待时间"通过培训提高到2秒钟,都是非常困难的。

1986年,罗的进一步研究证实,在提出问题和期待答案之间的"等待时间"提高到3~5秒钟后,会有以下好处:

- 正确答案的数量增加;
- 回应的时长增加;
- 推测性反应的发生率增加;
- 低水平儿童做出回答的人数增加;
- 儿童提问的流畅性提高;
- 儿童间的互动增加;
- 做出错误回答和说"不知道"的人数减少。

似乎有两个重要的"等待时间"。首先是在教师提出问题之后,其次是在儿童给出回应之后——看看还有没有更多答案。问题似乎是,教师问的问题太多，而且这些问题并不需要花时间形成答案。如本章前文所述，教育语境中最常被问到的问题是那些不需要太多思考时间的问题，因为它们与回忆和知识有关，如："这叫什么？""这时发生了什么？"所以，教师不习惯花足够时间等待答案的其中一个原因是他们不太会问一些需要高阶思维的问题。

教师不能花足够的时间等待答案的另一个原因是太过频繁地向全组儿童提问。如果花时间等待答案，就会导致注意力容易分散的儿童失去参与活动的积极性。教师犹如控制机械一般一个接一个地提问，而不是对接下来的答案展示出真正的兴趣。

有效的提问和无效的提问

有效的提问

通过对牛津郡项目的问题进行分析，我们发现能有效推动教师和儿童互动并拓展、激发他们思考的问题，主要有三类。

1. 表现出兴趣/进一步澄清（追随儿童已经说过的一些话语）

"所以听起来你像是生活在屋顶上吗？"

"玛蒂尔德也去参加派对了吗？"

2. 思考（鼓励创造性思维）

"我在想他们敲击以后泡泡都去了哪里呢？"

"我想知道是不是有了灯光，小熊的感受就会好一些呢？"

3. 提出可能性（提示一个想法）

"或许你需要找个东西让强尼站在上面？"

"你觉得再加一块积木能不能让它稳固一些呢？"

所有这些问题都是真诚而有意义的。教师事先并不知道答案，他们想

第9章 有效的提问与无效的提问

知道,尽管他们也有可能做很好的猜测。这些问题旨在开放可能性而不是将思考局限在某个令人满意的答案上。

牛津郡项目的录像材料显示,仅仅会问开放性问题,并非是有效互动的万全之策。我们可以看到上面的问题中有一些也是封闭式的,但只要是为了正确的目标在正确的时间使用,就能有效地促进交流。在正确的时间问正确的问题,取决于提问的意图,无论是否即刻需要答案,也不管答案是否已经在教师的头脑当中。

无效的提问

牛津郡项目的录像材料也显示,在错误的时间问出错误问题的结果:当教师希望听到开放性答案的时候,却问出了封闭性问题,反之亦然。有些问题非但不能启发儿童的思维,反而是对他们的盘问;有些问题让儿童处于尴尬境地或无法正确回答的恐惧中。然后,儿童会采取一系列的回避策略。资料中有很多儿童的例子,如:表现得满不在乎——"我不知道啊""我才不关心呢";忽视——"问题……我没听见什么问题啊";走开——"别再烦我了!";也有努力尝试——"我不明白,但我尽力了。"

数据还显示,(教师提出的)大多数问题持续关注的是儿童知道什么而不是儿童在想什么。弄清儿童知道什么让教师感到愉悦,因为可以确定他们教的内容哪些是有效的,下一步可以学习什么。能弄清楚儿童是怎么思考的教师往往充满期待、沉迷于儿童的回答,他们能对儿童的答案保持开放性并做出回应。具有批判性、创造性的思维者能自己解决问题、找出答案、自发地做出贡献。只有在不断充实而非简单检查的学习情境中,上面所提的那些技能才能得到蓬勃发展。在幼儿园里,促使教师问儿童想什么而非知道什么势在必行。

我们的研究数据提示,教师可以少问一些问题,所问的问题也应该带

◎ 互动还是干扰?

> 太多的问题都是关于儿童知道什么,而不是儿童在想什么。

有意图并经过认真选择。然而,如果教师减少提问,还有什么样的策略可以有效地促进儿童思考呢?

提问的替代方案

陈述

给提问找替代方案并非是全新的想法。迪龙(1990,p. 177)建议大家更多地使用他称之为"陈述性语句"的表达方式,让儿童以"比回答问题更长、更复杂的方式"进行回应。牛津郡成人-儿童互动研究项目的数据分析显示,相比采用提问的方式,教师使用陈述性语句能获得大量积极的成果。

- 尽管儿童需要回答问题,但不会感到焦虑。
- 儿童不会停止为寻找答案所做的工作,而是边思考边继续活动。
- 陈述性语句会触发思维产生一些意料之外的连接,儿童的反应常常会出乎意料。
- 儿童常会通过陈述进行回应。

> 当我们从问题转向陈述时,儿童会与我们谈论得更多,并且问更多自己的问题。

以上研究结论支持促进儿童语言表达的相关研究,儿童回应陈述性语句比回应问题的表达更长也更有质量(如 Wood et al., 1982; Wood & Wood, 1984)。哈贝尔(Hubbell, 1977, p. 219)回顾了大量儿童在家庭、诊所、学校的研究文献,揭示当儿童还只能用少量的词汇和讨论回应问题时,提问和命令就不会起到促进作用,相反起了"抑制刺激"的作用。另一项针对3—4岁儿童与教师在交流环节的研究表明,无论教师采用

第 9 章 有效的提问与无效的提问

开放性还是封闭性的提问,儿童对陈述性语句的回应都会用比对问题的回应更长的语句,且具有更好的原创性(Wood & Wood,1983)。博格斯(Boggs,1972)在针对 6—7 岁儿童的心理语言学研究中发现,儿童回应陈述和评论的语句比对问题的回应长 3 倍。此外,当研究者不再向儿童提问,而是转向评价和陈述的时候,儿童会问更多的问题。

表 9.1 展示了有效互动中教师的一系列陈述性语句。

表 9.1 用陈述替代提问

评论
A:嗯。我觉得这次应该是块大一点的砖。
A:你用灰色画的暴风雨的天空看起来很逼真。

分层/润色
C:我妈妈去市场了。
A:是的,星期三镇上有个市场。

提供另一个视角
C:我妈妈说,婴儿最好是母乳喂养。
A:有时候,妈妈们用瓶装牛奶喂婴儿是有充分理由的。我就是用奶瓶喂我的孩子的,因为……

谈论未来
C:我的宝宝在睡觉。
A:等你的宝宝醒了,她就不会再累了吧?

植入一个想法
A:我真的很喜欢你 T 恤上的这个长颈鹿。
C:也许你也可以买一件。
A:你知道,我没有任何带动物图案的衣服,也许他们只为儿童做那些衣服。

添加一些个人信息
C:我的猫生病了,现在已经好多了。
A:我的猫腿受伤了,去看了兽医,我很难过。

> 互动还是干扰?

续表

> **提供信息**
> C：这上面说了什么？（她 T 恤的下摆）
> A：上面写着"版权"。版权的意思是其他人不可以做与这件一样的 T 恤，因为那是抄袭，是不被允许的。
>
> **消除误解**
> C：那不可能是某个人的房子，太高了。
> A：事实上，有些人住在公寓里，它们通常比房子要高，因为很多人住在同一栋楼里。

大量的重复训练使牛津郡的教师学会用陈述性语句取代提问，因为他们习惯于抓住每个机会提问并视此为拓展儿童思维的基本途径。而当教师感兴趣于儿童所言而非质疑他们，且使用陈述替代提问的技术日趋熟练时，他们与儿童的互动就愈加丰富，儿童回应的语句也愈来愈长，愈加复杂。

补白和交际词

使用补白和交际词是替代提问的另一种方式，这是指发出一些声音和单词来简单表示你正在倾听。一边连续做出肯定的身体姿态，比如点头，一边发出"嗯""真的""哦哦"等，常常能引出儿童更多的话语，而提问时，一旦问题被回答了，互动也就中止了。

伍德（1982；1983）对听障和正常听力儿童的研究表明，相比提问，无论是开放性问题还是封闭性问题，教师使用交际词都能增强儿童回应的长度和自发性。伍德（1984，pp. 45-46）提到，"少提问多用交际词可促进儿童自发给出更多的信息，详细阐述答案，自己提出问题"。而教师提问时，儿童需要中止自己的评论来跟随一个问题，他们会觉得教师进入了询问模式，而他们只要等着下一个问题即可。迪龙指出，提问的一个很大的问题是会让儿童成为"安静的合作者"（1990，p. 46），只是等着被问下一个问题。

沉默

一些在不同情境（教室、刑事法庭、治疗课程）下开展的提问和提问替代方案的比较研究结果出乎所有人的意料，人们对沉默的反应是最积极的。他们会进行更复杂或更深远的思考。然而，尤其在忙碌的幼儿园教室里，你很难看到沉默。因为教师觉得，如果不能不断地介入儿童的活动并做出下一步规划，他们就会得到不好的评判。当被别人分散注意力时，人们很难进行深入、彻底的思考。然而儿童常常被提问，只是因为教师想用进一步的唱数填满思考实践，或者更糟糕的是，提出另一个问题。

和沉默同样重要的是"第二沉默"，这是指说话者的停顿，但思考还在继续。迪龙说，这个时刻要让沉默继续而不是帮他们解围，这是很关键的。讲话过程中的犹豫、停顿或失败的开头都是思维持续表达的标示。迪龙（1990，p. 201）指出："就是在这些明显的时刻，教师习惯于提问，而教师如果保持沉默，就能听到更丰富、深刻的话语。"事实上，马塔拉佐等人（Matarazzo et al.，1968，pp. 375–376）认为，回应的频率是"随着提问者沉默的时长而有条不紊地增加的"。

• • • • • • • • • • • **分析你的实践** • • • • • • • • • • •

这是牛津郡教师在"有效的提问和无效的提问"中确认的有效实践的特点。

有效提问时互动的特点

» 教师在正确的学习时机提出正确的问题。

» 教师由于对儿童感兴趣，因此想知道更多而提出问题。

» 教师由于不知道答案而提出问题，并非是在教师主导的情况下检查儿童对知识的掌握和理解程度。

互动还是干扰？

> » 教师为了让儿童思考而不仅仅是知道而提出问题。
> » 教师为引导儿童深入活动、探究、思考（但彼时不一定正确）而提出问题。
> » 教师在给足儿童思考和回应的长时间停顿后提出问题。
> » 儿童比教师提出更多的问题。

无效提问时互动的特点

> » 教师提问但不等待答案（就过去了）。
> » 教师提问但不给回答问题的时间（紧接着问下一个问题）。
> » 教师提问，但忽视问题的答案（不置可否）。
> » 教师提问接着索要答案（质问）。
> » 教师自问自答。
> » 教师提毫无必要的问题（中断学习）。
> » 儿童很需要答案的时候教师提问。
> » 教师问太多的问题。

 转录 9.5　赛义德和费赛尔的城堡

赛义德（C1）和他的朋友费塞尔（C2）正在用乐高搭建城堡（他们俩从托班开始就是好朋友）。这是一个他们很熟悉并且经常重复玩的游戏。游戏的时候，他们不怎么说话，因为他们是有目的的，虽然很安静地在一起玩，但知道要做什么。两人在一起玩了大约20分钟，教师向他们走过去。

A：你们在玩什么？

C1：建城堡。

A：是特殊的城堡吗？

第9章 有效的提问与无效的提问

没有回答。

A：你们是给谁建的城堡呢？我想应该是龙或者公主，对不对？

男孩们看着她，但是没有回答。

A：我从你们的城堡里看到王子要来救公主了。你们建完了吗？我给你们从那个盒子里拿一些小人偶好吗？王子和公主？你们喜欢吗？

男孩们没有回应。

C2：赛义德，我们出去玩吧。

分析

男孩们积极地玩着熟悉的游戏，他们有目标也很自信，顺利地一步步达成目标，因而实际上并不需要教师的介入。教师在介入前没有停下来观察和倾听，她以为男孩们的注意力集中在围绕城堡创编一个故事。事实上，他们只是在搭建。他们的搭建习惯略微有些复杂，但他们很享受，也很享受彼此的陪伴。他们刚刚参加了有些吵闹的集体活动"字母和读音"，搭建城堡看起来是要静一静。由于没有和儿童的游戏同频，教师不仅干扰了儿童玩游戏的心情，还干涉了他们的游戏目的。因为教师相信，问问题可以促进儿童的学习，但事实上她干扰了他们。首先，他问男孩"你们在玩什么"就分散了他们玩游戏的注意力，如果她先安静地观察一下，就不需要问这个问题。接着，教师一直坚持提问，试图把男孩们向一个方向引导，让他们达成她所假定的目标。对于男孩们没有热情回应，也没有兴趣跟她对话，她没有充分觉察到，事实上，她中止了游戏，错过契机。男孩们对她没有回应，令她有些尴尬，所以她用更多的问题填补沉默。最后，与其被质询，男孩们选择了离开。

问问你自己：儿童从中获得了什么？

可以参考第3章转录文字后的"儿童获得了什么"中的内容。

互动还是干扰？

 转录9.6 藏起来的宝贝

教师把一些"宝贝"藏进装着粉色沙子的托盘里。"宝贝"旁边有塑料钳子。教师请小朋友把"宝贝"找出来，放进自己的碗里，目的是发展儿童的精细动作技能（活动的目标）。

C1：我找到了很多宝贝。

A：你找到一大堆啊？它们都是什么呀？（没有得到回应。）

C2：我找得更多。

A：你找得更多？乔伊，你怎么知道你有更多？

C1：嗯……因为我找到了……我很善于找东西。

A：你很擅长寻找，你觉得你能做什么？

C2：我想一定有……

A：……

C1：是啊。

A：你用过……（拾起一对钳子）。你觉得这些是干什么用的？

C1：嗯……嗯……我想是……

A：能帮我们做什么？

C3：（两个女孩非常兴奋地继续寻找宝藏）我们还能找到更多吗，塔尼娅？（她们看着彼此的碗）

C1：是啊，里面有很多。

C2：把它们放进去藏起来，然后……

A：嗯。

C1：（向教师展示她的碗）我找到……我找到很多宝贝。

A：好。你觉得这些东西是什么？塔尼娅？

C2：我想洛伊丝把所有的都找到了。

C1：不，我没有。还有很多。

第 9 章 有效的提问与无效的提问

C2：我觉得还剩一个。

A：你们觉得罗杰斯老师把它们放在那里是为什么呢？你觉得她为什么要把它们放进去？（两个女孩停下来看着她，不太确定）这对你们有什么帮助？

C3：嗯……把它们捡起来？

A：因为你把它们捡起来了（乔伊把他所有的宝贝倒进洛伊丝的碗里）。你真是太好了，乔伊，你在和洛伊丝分享吗？（他不回答）乔伊，你认为这时候谁最多呢？

C2：嗯……她（指着洛伊丝，站起来离开了）

分析

儿童在玩有趣但简单的寻宝游戏。教师不断地提问干扰了他们的活动，儿童对她引导的学习方向并不感兴趣。教师没有根据儿童的热情和评论——"我找到了很多宝贝"——进行回应，而是一再回到她所设定的有关精细动作发展的活动目标。为什么它们（塑料钳子）会在那里？它们是干什么用的？除了一个问题被一个儿童不假思索地回答了一次（"这对你们有什么帮助？"——"嗯……把它们捡起来？"），其他问题似乎和儿童都不相关。教师忙于思考下一个问题，听不到儿童的答案，也没有觉察到儿童缺乏参与的热情。在这个活动中，儿童用更多的时间与教师调谐而不是教师向儿童调谐。

问问你自己：儿童从中获得了什么？

可以参考第 3 章转录文字后的"儿童获得了什么"中的内容。

互动还是干扰？

总　　结

　　使用陈述性语句似乎比提问更能支持教师和儿童之间的互动。相比提问常常让儿童的思考陷入危险境地，陈述、植入观点、提供替代的想法都能充实儿童的思考过程，鼓励他们以更复杂的方式思考和表达。相比于提问和回答会导致互动结束，使用陈述性语句有利于教师充满兴趣地回应儿童，并促进有效互动的交替进行。确定提问是否有目的、有价值的秘诀是先问问自己："我问的这个问题对儿童或对我自己有用吗？"

自我反思

1. 我只是明知故问吗？
2. 我提问是鼓励儿童思考，还是仅检查他们知道什么？
3. 我提问是为了导向我预设的目标吗？
4. 我是否提问太多而干扰了儿童的学习？

第 10 章

有效教师的特质

"她的主要资格是美德,而不是语言。"

——蒙台梭利(Montessori,1967)

最后一章阐述始终进行有效互动的教师所表现出来的特质。在对牛津郡成人-儿童互动研究项目材料的分析中,当我们回放录像并讨论时,某些教师的特质反复出现,这些特质似乎是最容易促使教师和儿童相互学习的特质。

毫不奇怪,有效的教师是对儿童说什么、想什么、做什么着迷的人。不那么投入的教师根本不会把时间花费在如何与儿童的思考同频并回应他们的想法上。这些人由于这样或那样的原因被迫按照自己的计划行事,而不是适应儿童,在互动中也几乎不考虑儿童的年龄所带来的差异。也有一些教师,他们更关心互动中自己的表现,而不是对儿童发起的互动行为进行回应。本章将揭示在与儿童互动的过程中,一些教师能持续有效互动的原因。在此过程中,我们也将展示幼儿教师为何是如此特殊且具有专业性的职业。

互动还是干扰？

> **聚焦于婴儿和学步儿**
>
> 牛津郡成人－儿童互动研究项目刚启动时，我们假设有效教师的特质会根据互动对象年龄的不同而有所变化。项目组的假设是：教师和婴幼儿打交道时所必需的特质与在学校系统中和更高年级的儿童打交道时所需的特质是不同的。经过几个月的分析和讨论，我们发现，无论所教儿童年龄多大，有效教师的特质并不存在差异。正如本书已经解释的那样，教师是否能与儿童有效互动只与互动的目的有关——是否满足了教师主导的互动中教师的目的，或儿童主导的互动中儿童的目的——与参与互动的儿童的年龄完全无关。能与儿童进行有效互动的教师表现出非常相似的特质。

有效性的特质

牛津郡成人－儿童互动研究项目刚启动时，我负责做文献回顾工作，明确了其他研究者确信的早期教育有效教师的特质。查阅大量的资料，从文献中归纳出的反复出现的特质成为项目资料分析的参照标准。在项目结束时，也就是开始研究的四年后，同样的特质仍然是教师是否投入有效互动中的强有力的指示标志。无论所教儿童处于什么年龄阶段，能有效参与儿童思维过程的教师都有以下七个特质：

1. 专注
2. 敏感
3. 具有回应性
4. 尊重他人
5. 真诚
6. 成为好榜样
7. 和儿童在一起很自在

第10章 有效教师的特质

专注

休·弗穆斯（Sue Vermes，2008）在她的硕士学位论文中使用"热情专注"这个短语描述她研究的专家型教师对其陪伴的儿童以及在与儿童对话中表现出的兴趣和尊重。这个短语比任何其他短语都更好地总结了牛津郡研究项目中所有有效教师与儿童互动的方式。儿童是在与他们一起工作和玩耍的教师的关怀、同情和关注中茁壮成长的，因而与儿童保持温暖的关系相比其他更加重要。儿童能感觉到教师是否真的关心他们，是否喜欢和他们在一起，这为成功关系的建立创造了基础，儿童和教师也因此足够放松，从而使互动更加顺畅（见第3章）。

"专注"一词提示教师对正在发生的事情保持敏感并感兴趣，但不一定要干预。这个词也证实了教师决定何时或是否互动之前等待、观察和思考的重要性（见第6章）。提醒教师与儿童接触并不一定意味着与他们交谈。当儿童看向教师的时候，教师积极的肢体语言、微笑、点头或补白，有时比出声的交流更能保持儿童的学习动力。当然，这并不是说教师不需要讲话！可以确定的是，专注是第一步。专注可以引发观察和积极倾听（见第5章），这两者均是决定何时或是否互动前的必要步骤。有时，沉默是金。等待、观望和好奇的教师更有可能在正确的时间说正确的话，与儿童互动而不是干扰。

在成人-儿童的互动中，专注有如下表现：
- 教师真诚地关心儿童，并充满兴趣；
- 教师在和儿童互动时十分热情（而非只对容易打交道的儿童表现出热情）；
- 教师留意每一次交谈；
- 教师通过身体语言和互动中的敏感性来显示专注。

互动还是干扰？

敏感

莱弗斯（Laevers，1994）在对过程取向的教学方式的研究中强调了教师和儿童互动方式的重要性。他认为，这种互动是实现儿童健康成长和参与的关键。他在教师观察评量表（Adult Style Observation Schedule，ASOS）中突出强调了敏感性，即对儿童的情感需求是否有灵敏的反应。他指出，教师必须对儿童的以下需要具有敏感性。

- 尊重：互动中儿童能感受到被重视和公平对待。
- 关注：倾听儿童，接纳其受到关注的需求。
- 安全：识别儿童的不安全感和不确定感并做出回应。
- 爱：对儿童进行热情真诚的回应。
- 肯定：积极对待儿童的努力和获取的成就，并赋予儿童自主意识。
- 明确：确保儿童知道教师对他们的期待以及并不一定要按照教师的要求行事。
- 理解：了解儿童并能对高度个性化的需求做出不同的回应。

敏感的教师随着时间的推移对儿童需求的差异会越来越警觉。教师能迅速觉察儿童的情绪和信号的变化并与之同频，这意味着儿童比其他时候有更多的需求。敏感的教师能感觉到儿童行为和反应的变化，并在需要的时候给予儿童情感上的支持。他们对那些可能会影响自己或干扰其他人的儿童的行为表示同情。有效的教师对儿童的学习需求也很敏感——某个儿童今天需要一对一的照顾，然而，昨天他们是独立学习的。他们对儿童的计划很敏感，不管是什么计划。

在成人－儿童的互动中，敏感有如下表现：
➢ 教师在每一天开始时都会迅速地和儿童同频；

第 10 章 有效教师的特质

> 教师十分关注儿童的计划和需求;
> 教师明白,在引入教师的计划之前,需要解决儿童的兴趣问题;
> 教师尊重儿童,尊重他们的感受、谈话、思考。

具有回应性

迪龙(1990)解释了为什么我们容易只听不回应或以很表面的方式回应。如果教师的脑海中充斥的是当天必须要做的事情,那么他就没法真正参与儿童的活动,只能草率地以"嗯嗯""真好啊"之类的话语进行回应。这些回应方式不同于第 9 章提及的补白和交际词。教师用补白和交际词维持儿童的学习动机,而上例中的教师向儿童显示出的是他对儿童并没有很关注,没有和儿童进一步交换信息的意向,这样的互动不会持续下去。回应意味着教师希望互动发生,考虑到停下来倾听儿童想说什么的重要性。当他们与儿童接触并参与儿童的计划时,必须暂时搁置自己的计划,迅速回应,正如玛格丽特·唐纳森所言,回应是基于教师对自己的能力和意愿的"去中心化",换句话说,教师更愿意将儿童视为学习的核心而不是教师自己。

回应的质量在于教师以不同方式回应儿童的能力。首先,正如我们所看到的,回应必须对儿童个体及其特殊需要敏感。回应方式也必须与情境相适应。教师有时在不同的情况下会采取给出一个答案、建立联系、评论、提出一个问题、澄清误解、明确、倡导、示范、提供另一种观点、详细阐述或润色等策略。罗斯和罗杰斯(2012)提出"复数教师"(the plural practitioner)一词描述教师在与儿童一起工作时所扮演的多重角色。有效的教师能自如地从一个角色转换为另一个角色,灵活且敏感地决定如何维持和推进自己与儿童之间的互动。

> 在成人－儿童的互动中，迅速回应有如下表现：
> ➢ 教师对儿童以及他们可能会说些什么感兴趣；
> ➢ 教师停下来，坐下来，倾听交谈的开启者说什么；
> ➢ 教师通过表现出热情专注向儿童表明他们正在给予儿童时间和关注；
> ➢ 教师选择最有效的方式回应以保持互动的持续推进。

尊重他人

儿童总能与尊重他们的教师打交道。尊重意味着认真对待儿童的想法和意见，教师要充满兴趣地询问儿童的想法，然后对他们的回答做出回应，并根据答案采取适当的行动。在过去的10年里，有相当多关于倾听儿童声音的研究，这是因为人们认为当局没有倾听儿童，特别是在危机中的儿童发出的声音或据此采取的行动。对儿童被忽视的声音的关切催生了"每个儿童都很重要"计划（Every Child Matters，DfES，2004），该计划侧重于由儿童和青少年自己确定的五项内容，以使他们的声音能被听到：

1. 健康
2. 安全
3. 享受并有所实现
4. 做出积极贡献
5. 享有经济福利

这五项内容现已被载入法律（The Children Act[1]，2004），意味着所有对儿童开展的工作必须要响应"倾听儿童的声音，重视儿童的感受和希

---

[1] 即《儿童法案》。——译者注

望"的号召。

尊重儿童就要明确儿童是拥有权利的个体，他们有自己的感受、信念、态度、思考和兴趣。尊重儿童的教师会努力和儿童的个性特征进行调谐。儿童对世界有自己最初的认识，对于这个世界怎么运作有自己的想法，尊重儿童的教师会最大程度地以儿童的视角看待并据此做出回应。尊重儿童不仅是倾听儿童的观点和看法，还意味着在必要的时候采取行动。有些时候，为了回应儿童的计划，教师会彻底调整原先的计划。

> 在成人－儿童的互动中，尊重有如下表现：
> ➢ 教师为儿童表达想法、形成观点以及表达感受提供大量的机会；
> ➢ 教师积极倾听儿童的表达，尊重他们的贡献；
> ➢ 教师对儿童的兴趣和关注点做出回应；
> ➢ 在适宜的情况下，教师根据儿童的话语采取行动。

真诚

美国人本主义心理学（来访者中心疗法）的奠基者罗杰斯（1902—1987）在其论著中强调了教师在互动中表现真诚的必要性。罗杰斯（1951）声称，学生在得到更高水平的理解、关怀和真诚的情况下会学得更多，表现更好。他认为，抛却伪装的面具就是真诚。他指出，来访者能够看出咨询师为了获得信息而表现出的虚假尝试，他们更愿意向真正对他们感兴趣的咨询师坦露自我，而不是看起来冷漠的人，这些咨询师几乎只是在"扮演角色"。

在教育场景中，真诚的信息往往是通过肢体语言和语调表现出来的。教师如果仅是嘴上夸奖或鼓励，但身体表现得不那么投入，儿童就会觉得这种回应不够真诚。同样，教师的语调如果过分热情或不自然，儿童也会感到他们被以屈尊俯就的方式对待。当然，这和教师对待婴儿的情况是有所不同的。第2章阐述了教师想吸引婴儿的注意力并与他们持续互动往往会采用唱歌、提高声调以及表情夸张的妈妈语等方式。然而，一旦儿童感受到教师的回应是不真诚的，他们就会觉得自己更像是在游戏中扮演角色而不是真诚地对话。他们会逐渐确信自己只不过是在教师操纵的游戏中扮演角色，所以会更多地以教师希望看到的方式回应而不是遵从自己真正的意愿。

> 在成人－儿童的互动中，真诚有如下表现：
> ➢ 教师对儿童说什么、想什么真正地感兴趣；
> ➢ 教师的肢体语言和语调都能展示出他们对儿童真正感兴趣；
> ➢ 教师能对儿童饶有兴趣的表达进行评论或修饰，而不是提出问题；
> ➢ 教师会持续与儿童互动，以助力儿童达成学习目标。

成为好榜样

早期教育者很清楚自己是儿童的榜样。许多教师都有很多趣事，例如：儿童喜欢像照料者那样戴着耳环，或常听到儿童在角色扮演区模仿教师的声音以及教导；家长们也会说家里的一切事情都要按照教师说的应该这样或不应该那样来做，如"史密斯老师说我们洗手前必须要卷袖子"。班杜拉（1977）指出，社会学习来自儿童的模仿学习，继而将所学经验内化。儿童对经验的建构基于对重要他人行为的模仿以及内化。洛里斯·马拉古奇（1993）曾说："我们须知儿童不是通过模仿书中的内容来掌握如何与人交往或教导别人的，而是通过对教师如何工作、讨论、思考、研究和共同生活的提炼与解释。"

早期教育者通常有如下示范。

- 语言：评论或拓展儿童的词汇。

第 10 章 有效教师的特质

- 行为：通过展示倾听、轮流、尊重、公正等行为让儿童效仿。
- 思考：呈现明确的思考过程，如"我真应该考虑得更多一些""假如我思考一下或许就能记起来怎么去做"。
- 学习：呈现理解世界的多种方式，如通过列清单帮助记忆，改变思考习惯产生新点子，通过查找书本确定信息等。

> 在成人-儿童的互动中，可以通过以下方法成为一个好榜样：
> ➢ 教师敏感地知道自己的行为会对儿童的行为产生影响；
> ➢ 教师谨慎、有意识地使用语言来强化儿童的词汇并推动他们使用语言进行交流；
> ➢ 教师注意以自己的行为或行为的不同方式让儿童效仿；
> ➢ 教师向儿童清晰展示思考和学习的过程，让儿童懂得这些是终身发展所需的技能。

和儿童在一起很自在

毋庸赘言，可以确信的是，能跟儿童积极地有效互动的是那些对和儿童在一起对话兴致盎然的早期教育教师。他们总会将和儿童在一起互动优先安排在任何计划要做的琐事之前。停下来，俯身，听儿童开启对话，哪怕没那么重要。他们会对儿童及其家庭、新鲜事、趣事以及他们所关注的事表现出尊重和感兴趣。这种感兴趣的表现不是微笑、点头或"嗯嗯"，而是通过真诚的问题澄清儿童所说的话——通过评论表现出他们正在倾听，或是在个性化的逸事中修饰儿童的话语来增加互动的趣味。

温暖的关注来自和儿童在一起时的愉快和放松（第 3 章）。这可以被看作一个信号，并非所有人——所有的教师——都能胜任早期教育工作。乐于陪伴儿童并和他们对话的教师一定是喜欢不确定性、欣赏自发性的人，他们灵活，快速思考，喜欢户外活动，并且喜欢对话胜过自说自话。

互动还是干扰?

他们还要懂得,和儿童互动将带来他们所希望了解的关于儿童学习和发展进程的信息,这些远远超出检核表和记录本所能显示的内容。简而言之,有效的教师必须是热爱儿童的。陪伴儿童的时候感到很自在,意味着教师和儿童双方都很放松。如前所述,这是师幼互动能毫不费力地顺利进行的指标,也是教师关注、沉迷于儿童学习过程高于关注达到什么目标的指标。

> 在成人-儿童的互动中,自在有如下表现:
> ➢ 教师对儿童自发的、奇特的想法非常着迷;
> ➢ 教师乐于追随儿童的思路(在适宜的情况下),放弃计划(尽管有时只是临时的);
> ➢ 教师很放松,所以儿童也很自在;
> ➢ 教师欣赏儿童的学习过程,而不是急于达到一个具体的目的。

互惠的重要性

成功和儿童进行持续、有效互动的教师的特质似乎十分寻常,这就要求我们不能仅停留于分析的阶段。聚光灯只照亮教师这半边会让我们忽略儿童那一半的好故事。许多有关成人-儿童互动的文献都受到维果茨基(1978)社会文化理论的影响,该理论认为"人类学习的前提是特定的社会性质和儿童形成思想的过程"(p. 88)。有效互动的价值和目标能否达成取决于儿童对教师的回应以及教师对儿童的回应两个方面。威尔斯(2009)称,教师要与儿童共享知识和经验,努力理解对方的意图,并将自认为根据共享的背景信息能够理解的内容表达出来。威尔斯指出,这种意义建构的过程是互惠的(相互作用),这个术语也曾被克拉克斯顿

（2002）用于表达"学习力的四要素"（Four Rs of Learning Power[1]）之一。对克拉克斯顿而言，互惠意味着"准备好、有意向和有能力向别人学习"（2002，p. 17），显示出一种能进入他人心智活动的能力。如博伊德和玛卡莲（Boyd & Markarian，2011，p. 517）所说："决定谈话有效性的是谈话在特定的社会情境中可感知的功能，而不是去情境化的形式。"

互惠这一概念表明双方在互动中的贡献是同等的，至少双方觉得对互动的参与和交流是满意的。如第9章所述，许多学校尤其是班级中的谈话如卡兹登（Cazden，2001）所言是"不对等"的。她提出，在典型的学校中最显著的不对等是对说话权利的控制。教师有权利随时和任何人说话——打破沉默；打断其他人说话；对一个儿童和另一个儿童说话；用任何音量和语调说话——而儿童没有相同的权利。事实上，在许多教室里，儿童如果试图以上述方式表现会受到严惩。可见，互惠主要掌控在教师手中，但他们有意加入的互动对儿童和他们自己都应是有意义、有目的和重要的。

有很多不同的方法可以用来证明教师和儿童互动的互惠性，这对互动有效性的识别也很有帮助。首先是"dance"（舞蹈）这一概念。特雷尔瓦森（1974）在关于母婴互动的奠基性的研究中，描述了节奏和随后的行动反应恰如舞蹈，一个人领舞，另一个人模仿声音和姿势来跟随。牛津郡的教师们在讨论这一类比时认为，对早期教育工作者而言，重要的不是谁来"领舞"，换句话说，谁开启互动，而是另一方要追随同样的舞蹈。领舞者如果选择"探戈"，不管舞技多高超，如果另一方选择跳华尔兹，那也不可能达成有效的互动。为了顺利起舞，教师和儿童都必须投入共同的关注和经验。

---

[1] 指韧性（resilience）、策应力（resourcefulness）、反思能力（reflection）和处理关系能力（relationship）。
——译者注

第二个类比是哈宁中心（The Hanen Centre）（见 Weitzman & Greenberg, 2002）使用的"跷跷板"（或天平）。哈宁中心是加拿大的一个慈善组织，为父母、教师、早期教育工作者以及语言病理学家提供培训以及材料，进而帮助儿童发展语言、社会性和读写技能。哈宁培训材料中描述了儿童学习交流的规则，包括轮流。他们鼓励教师将儿童的扭动、微笑、踢脚、打嗝等每一个举动作为儿童在交流中轮到机会后的反应来对待。使用"跷跷板"或"天平"来类比以说明该观点是因为有效互动需要双方都有相当的投入。跷跷板只有在下来、上去的度量值相当的情况下才会被看作是个好玩的玩具。如果一边太重（例如，对话中一方说得太多），另一边就没有机会在互动中表现自己，只能垂头丧气地被悬置于半空中。有效互动意味着教师和儿童在思考与感受的心流中是轮流作用的，所做的贡献是较为均衡的。

第三个类比采用的是"球"。洛里斯·马拉古奇（1992）称互动反映了至少双方球员的玩球游戏。他说："球一直在被传递着，有时是儿童在抛球，有时是我们。"和特雷尔瓦森一样，马拉古奇相信，只要双方都按照对方希望将游戏持续下去的方式抛球，那么不论教师还是儿童都能发起交流的抛球游戏。作为经验丰富的"游戏者"，教师在交流的"抛球游戏"中承担更大的责任，抛出的球应使儿童既愿意接又能接得住，还能传回去。牛津郡的教师们关注的是当儿童将"球"抛过来时，教师将其放下且以自己的新"球"（开启新的交流话题）取而代之的概率是多少。使用同一个球，并能使抛球游戏持续下去才是有效教师能力的体现。

将互动作为"即兴创作"

牛津郡的教师们发现，在所有这些有趣的类比中，没有哪个能把互动的神韵充分展示出来，唯有将"互动"这一概念定义为"即兴创作"才能将早期教育教师和儿童之间发生有效学习的那种情境中的复杂精妙捕

第 10 章 有效教师的特质

捉到。对于教师旨在促进儿童学习的有效互动,采用音乐剧、舞蹈、戏剧、美术创作中至少两个人以上的"即兴创作"进行解释,都能非常接近其本质,很多情况下,反之亦然。"即兴创作"型的有效互动具有改变知识、理解和关系的力量。"即兴创作"型的有效互动非常复杂,需要双方对彼此活动的极度关注、全情投入。即兴创作或者互动的方法没对错之分,所有的努力都应该和另一方有关,对对方做出敏感而适宜的回应是为了持续双方所创造的互动质量。正如"即兴创作",互动中更有经验的一方需要对较少经验的一方予以特别关注,从而决定向对方说什么、和对方玩什么。有效互动也会如"即兴创作"一般表现出自然和自由。教师和儿童进行自然真实的交谈中的话语也复写了即兴创作中的流动性。基于参与者每天每时不同的情绪,互动中发起了什么以及怎么回应都会有不同的表现。即使没有预先设定步骤,很多即兴的计划也都比较相似,在旧有经验的基础上根据当时的情况创造出一些新的做法。就像有效互动一样,即兴创作通常始于一个简单的主题或基本的交流,然后根据参与者的技能和承诺,随着接触时间的延长,它会得以加强和优化。和其他人一起即兴创作与个人独自进行的即兴创作有着本质的区别。双方在互动中相互学习,无论是过程还是结果,就其成功而言,互动双方的贡献是缺一不可的。就像双人游戏不同于单人游戏一样,双方在互动或即兴创作时会产生更多的可能性、更多的选择、更精彩的想法和更多样的产出。

互动而不是干扰

本书探讨了有效的教师与儿童互动时如何支持和拓展他们的思考、学习和发展的多种方法。这基于对牛津郡的教师四年实践的细致而勤勉的分析,他们承诺为儿童的健康成长而改善自己的实践。许多分析来自对长时录像的反复观看，以及对得出结果的进一步提炼和综合。项目的最终结论是多层次的。许多特征是重叠的，项目的一些关键信息贯穿在本书的不同章节中。在讨论和提炼数据的过程中，我们发现采用图表和提示词的方式对梳理思维很有帮助。所以，在本书的总结部分我想和大家分享其中的部分内容作为对牛津郡成人-儿童互动研究项目的结论，也以此作为本书关键信息的概括。

首先，对本项目研究目标的共识：

"提升成人-儿童互动的质量。"

明确任何互动的目的是：

"巩固、拓展和激发儿童的学习和发展。"

对如何分析互动的有效性我们得出了一个关键问题：

"儿童从互动中获得了通过其他方式可能无法获得的积极经验吗？"

我们达成共识，"积极经验"并非一定指认知方面，可能性如下。

- 认知："硬纸板进入水中后会湿润、破碎。"
- 社会性："假如我仍握着这个，里基就能让小车更快地从斜坡滑下。"
- 情感："珍妮说我奶奶购物回来就会来接我。"
- 态度倾向："我如果坚持做某事，通常最终就能做到。"
- 元认知："我的想法不奏效，我得改变计划。"

（说明：这是用成人的语言表达儿童的思想。）

我们相信，持续互动的关键策略是充满兴趣地回应儿童：
要对儿童所说、所想以及所感受的一切感兴趣。

第 10 章　有效教师的特质

对儿童所说、所想和所感加以评论、澄清和说明会使互动持续下去。

分析你的实践

作为牛津郡成人－儿童互动研究项目的结果，参与者们明确地分析了互动质量的关键特点。对于将教师和儿童间非常复杂的互动看得过于简单的分析是需要关注的。经过多次讨论，最终决定当教师分析自己或真正分析其他人的实践时，必须在观察互动进行的过程中努力捕捉有效实践的一些特点。本书的每一章都有一个"分析你的实践"专栏，内容针对该章的主题，其中对教师个人而言很有帮助的两组提示也是对本项目的总体概括，可作为全员讨论的基础，或可用作上级领导或管理者视察早期实践时收集有效性证据的工具。表 10.1 总结了评价教师主导的互动质量需要关注的各个方面，表 10.2 总结了评价儿童主导的互动质量需要关注的各个方面。

表 10.1　教师主导的互动：看哪些方面

儿童
"儿童从教师那里获得了在其他情境中可能无法获得的积极经验。"
- 从教师那里获得了以前没有的经验：社会性、情感、认知、态度倾向、元认知
- 关注教师，保持积极投入的状态
- 似乎发现互动是相关的、有意义的
- 展示自己的想法，提出自己的问题
- 有很多机会做出贡献
- 看上去很放松、舒适
- 在教师的关注和帮助下表现出自信
- 有时间进行回应

互动还是干扰？

续表

教师
"教师关注儿童的思维。" • 表现出想更多地了解儿童的意愿（认知层面） • 在活动中能够停顿足够长的时间和儿童的思考进行调谐 • 给儿童必要的时间以对问题或挑战做出回应 • 全身心地专注 • 做出积极且有益的贡献 • 让儿童专注于思考时的行为是自然而真诚的 • 语调充满尊重 • 使用一系列策略达成目标、满足儿童的相关需要 • 尊重并回应儿童的观点和想法 • 不会中断互动去做记录 • 示范积极互动——倾听、回应兴趣、发展已有想法 • 在不破坏对话流畅性的情况下灵活应对中断 • 对儿童的思考和想法充满兴趣 • 对儿童的兴趣和投入程度很敏感

表 10.2　儿童主导的互动：看哪些方面

儿童
"儿童从教师那里获得了在其他情境中可能无法获得的积极经验。" • 从教师那里获得以前没有的经验：社会性、情感、认知、态度倾向、元认知 • 关注教师，保持积极投入的状态 • 似乎发现互动是相关的、有意义的 • 展示自己的想法，提出自己的问题 • 有很多机会做出贡献 • 看上去很放松、舒适 • 在教师的关注和帮助下表现出自信 • 有时间做出回应 • 自信地发起互动 • 只要愿意，就一直主导互动

第 10 章 有效教师的特质

续表

教师

"教师追随儿童的思考和意图。"

- 表现出想更多地了解儿童的意愿
- 在活动中能够停顿足够长的时间和儿童的思考进行调谐
- 给儿童必要的时间以对问题或挑战做出回应
- 全身心地专注,但不打扰
- 做出积极且有益的贡献
- 自然而真诚
- 肢体语言表现出专注,语调是充满尊重的
- 使用一系列契合交流目标和儿童需要的策略
- 尊重并回应儿童的观点和想法
- 不会告知儿童应该思考什么
- 不会中断互动去做记录
- 示范积极互动——倾听、回应兴趣、发展已有想法
- 在不破坏对话流畅性的情况下灵活应对中断
- 对陪伴儿童和与儿童交谈很有兴趣
- 对儿童的兴趣和投入程度很敏感

 转录 10.1　手工桌旁的对话

晨间环节开始时,两个 3 岁女孩到手工桌旁,教师也跟着过去。

A:对不起,伊娃,我没有听见你说你为什么迟到。

C1:(将胶棒插入纸巾盒)噢,我穿衣服没那么快。

A:你穿得不快,你都是自己穿衣服吗?(伊娃点头)那才是最重要的,对吧?

C2:(剪着卡片上用的遮蔽胶带)我今早没有迟到。

A:你没有迟到,那你来吃早点了吗,伊西?

C2:是的。

A:我想我应该是看到你了,和蒂娜(她姐姐)一起吗?

互动还是干扰？

C2：是的。

A：今天早上，我吃完早点到这边来，看到你在吃呢。

C2：是的，是蒂娜。但你看到和蒂娜在一起的是谁吗？

A：（教师想了一会儿）嗯……是安德鲁老师。

C2：是安德鲁老师。

A：还有你。

C2：还有西蒙。

A：（教师又想了想）嗯……对……西蒙是在这里，你是对的，因为我进来的时候看到了西蒙的妈妈和姐姐正去她们的车子那里。

C2：那……你知道我看到了什么吗？

A：你看到什么了？

C2：我看到西蒙的姐姐，她背着一个米老鼠的包。

A：啊哈，她没准儿正要去她的幼儿园呢！因为我想西蒙的妈妈要去上班，对不对？

C2：或者、或者、或者、或者……

A：或者要做一些工作。

C2：或者在家。

A：或者她的事情可以在家里做，或者休息！（他们互相咧着嘴笑）

C1：你知道谁会来参加我的派对吗？

C2：我！

A：伊西。

C1：还有弗蕾达。

A：弗蕾达今天在哪儿？

C2：她、她、她在度假。

A：哦，她正在度假。对的……她妈妈跟我说过，但我忘记了。（看着伊西）你记性真好，是不是？

C2：杰弗里叔叔……杰弗里叔叔……给我买的（T恤衫），他是在……是在湖区买的，湖区。

A：啊哈，湖区可是有很多羊呢。这可能就是你的T恤衫上有这么多羊的原因。这就像是一个地方的纪念品可以帮助他——也帮助你记住他去了哪儿。我能看看上面写了什么吗？……（读）你认为他能看见我们吗？（伊西低头看）

C2：这说了什么？（指着下面的一行小字）

A：噢。下面这一行是"版权"……哦，我得绕着你的肚子读。

C1：梅甘，梅甘……

A：（转向C1）听见了，稍等一下，我们正在读这上面写了什么……（她读着）版权……兰纳戴尔有限公司，意思是别人不能生产和这件一样的T恤衫，否则就是抄袭，这是不被允许的。

分析

这段转录中的许多例子都展现了前面章节中列出的有效互动的特点。尤其这位教师很善于充满兴趣地对儿童做出回应，通过帮助儿童在她所知和所理解的事物间建立联系以及在她已有的知识经验上进行补充，使得儿童在互动中的贡献更丰富了。

当伊娃说她迟到了时，教师转而关注积极的方面："你都是自己穿衣服吗？（伊娃点头）那才是最重要的，对吧？"<u>肯定积极的态度倾向/鼓励独立</u>

伊西说她没有迟到，教师并非只是赞扬她做得好，而是延伸了一个问题："那你来吃早点了吗，伊西？"<u>通过提问持续互动</u>

教师还加入了一些自己的信息："我吃完早点到这边来，看到你在吃呢。"<u>说自己的事来与儿童同频</u>

伊西通过将谈话的球传递给教师表现了她在互动中的积极性："你看

互动还是干扰？

到和蒂娜在一起的是谁吗？"

许多情况下，教师关注元认知思考，示范如何"思考"："（教师想了一会儿）嗯……是安德鲁老师。"然后"嗯……对……西蒙是在这里，你是对的"。示范思考

教师强化了伊西关于自己的积极观念："嗯……对……西蒙是在这里，你是对的，因为我进来的时候看到了西蒙的妈妈和姐姐正去她们的车子那里。"接着："哦，她正在度假。对的……她妈妈跟我说过，但我忘记了。（看着伊西）你记性真好，是不是？"肯定积极的品质，有助于儿童建立自尊

当伊西说"我看到西蒙的姐姐，她背着一个米老鼠的包"时，教师没有只是夸赞"真可爱啊"就不管了，而是说"啊哈，她没准儿正要去她的幼儿园呢！因为我想西蒙的妈妈要去上班，对不对？"加强知识之间的相互联系

教师和伊西享受着交流想法的乐趣：

A：因为我想西蒙的妈妈要去上班，对不对？

C2：或者、或者、或者、或者……

A：或者要做一些工作。

C2：或者在家。

A：或者她的事情可以在家里做，或者休息！（他们互相咧着嘴笑）加强了他们之间的积极关系

当伊西告诉教师，她的T恤衫是杰弗里叔叔从湖区买的，教师没有只说"他真好"（或给出其他类似的回应）。相反，她提及了新的信息并与伊西对事物的理解建立联系。

A：啊哈，湖区可是有很多羊的。这可能就是你的T恤衫上有这么多羊的原因。这就像是一个地方的纪念品可以帮助他——也帮助你记住他去了哪儿。加强超越此时此地的知识经验之间的联系

第10章 有效教师的特质

教师接纳并应对来自伊娃的打断"听见了,稍等一下,我们正在读这上面写了什么……"——但并没有中断她和伊西之间关于"版权……兰纳戴尔有限公司,意思是……"的互动。

伊西通过问T恤衫上的小字写的是什么显示出她在互动中的主动性,教师也因此增加了新的信息:"版权……兰纳戴尔有限公司,意思是别人不能生产和这件一样的T恤衫,否则就是抄袭,这是不被允许的。"<u>通过提供新信息丰富知识</u>

这段转录文字中的教师利用了很多机会来巩固与拓展儿童的知识和理解,而且,这都是循着互动中思考的方向进行的。

总　　结

毋庸置疑,和儿童互动极大地丰富了师幼双方的学习和发展。对教师而言,儿童在交流中为教师获知儿童对什么感兴趣,理解和不理解什么,想发现什么提供了信息。对儿童而言,敏感且具有回应性的教师为他们提供了建立关系、学习语言、练习交流技巧和丰富思维的机会。

通过本书,我们可以看到教师和儿童之间的互动质量有赖于教师对儿童的思考的回应。儿童在和教师互动时的参与程度取决于教师是否关注儿童从而巩固和拓展他们的思考,也取决于教师是否充分地关注儿童从而使儿童在学习中获得鼓励,还取决于教师是否有娴熟的技巧在儿童将交流球传递回来时能在恰当的时间说出恰到好处的话语。

和儿童互动充满挑战,也有无穷的益处。教师们分享着每一位独特的学习者在成长期间不断生成的关于这个世界的思考和理解。在和儿童的关系中,教师越是专注和敏感,就越能和儿童进行有效的互动而不是干扰儿童的学习。儿童最需要的是教师的时间和关注。对任何一位教师而言,没有什么比腾出时间和儿童互动更为重要。

互动还是干扰？

 自我反思

1. 在交流中，我是敏感的、具有回应性的、尊重他人的好榜样吗？
2. 我陪伴儿童时是自在的吗？我觉得他们迷人吗？
3. 在实践中，我是否将"温暖的关注"置于超越所有其他方面的优先地位？

附　录

牛津郡成人-儿童互动研究项目（2010—2014）

范围和方法

牛津郡成人-儿童互动研究项目有18位（其中14位全程参与）从事6个月至6岁婴幼儿教育工作的教师参与，有一位男性（照料婴幼儿）。项目参与者或是由机构的主管教师或管理者推荐，或是由当地的权威咨询小组推荐。推荐的标准是对教育实践抱有开放、反思的态度以及有意向解构当前的实践元素，从而改善早期教育工作。

每两位参与项目的教师结伴负责一个指定的年龄班。年龄班划分方式如下：6个月—1岁；1—2岁；2—3岁；3—4岁；4—5岁；5—6岁；6—7岁。项目组成员讨论时既可以以具体年龄或阶段划分，也可以年龄组交叉进行，包含英国整个早期教育的基础阶段（0—5岁）和第一关键阶段（5—7岁）。项目组成员每学期两次集中讨论（大约每10周一次）。

引发讨论的是从所有项目参与者处收集的录像，前两年每学期一次（以项目年来算的话则是3次），为期两年。第三、四年拍摄的录像要求更高，更为聚焦。总的来说，我们共收集了120段视频，根据年龄班和具体情境不同，时长为20~45分钟。每一阶段的录像拍摄之后，教师和负责摄像的项目协调者都会进行观察后的分析。

项目遵循行动研究的循环，教师识别出他们需要改进的方面，采取行动，反思影响行动的因素。针对录像的个人反思和小组反思激发教师进行持续的自我反思和执行探究循环。基于录像和随后的分析，教师们认为现有的许多理论可以得到阐明和解释，项目的一些发现也可以得到验证。最后，从项目一开始，每一位教师都有一份从自己的视角出发叙述的研究日志，记录了他们的思考和实践的发展以及对他们产生影响的因素。

项目的每个阶段都是逐步累积的，参与者们仔细观看录像后一起讨论，继而进行理论检视或对转录文本做更进一步的分析。在项目的整个过程中，很多重要的主题就是这样生成的，而这最终也成为本书各章内容的基础。这些主题在观看录像和讨论的过程中反复出现，细化和定义了整个团队的思考。随着时间的推移，项目参与者在观察后的分析中更有洞察力，越来越多地强调，他们对自己实践录像的观察内容与整个团队的主题和问题逐渐一致起来。

项目开展的整个过程中，协调者需要充分参与，包括主持讨论并概括提炼，也要引导相关阅读和补充理论知识。一段时间过去，教师们会相互建议阅读材料。协调者参加了120个视频的观察分析讨论会，根据教师们的参与情况记录需要注意的内容以及多数教师提及的主题和想法。

回顾整个项目过程，研究由一个指导小组管理，小组成员由社区大学（从事早期教育专业）和地方当局的代表组成。我们也很幸运地拥有三位专家型教师，一位主要从事0—3岁儿童工作，另一位主要从事3—7岁儿童工作，最后一位是来自项目组的教师。指导组的作用是维持项目的研究焦点，检视生成的模型和理论，并对项目的财务状况和宣传情况进行汇报。

附录 牛津郡成人—儿童互动研究项目（2010—2014）

伦 理 问 题

本项目有很多伦理问题需要注意。首先，是项目协调者和项目参与者之间的关系。除却两个案例，项目协调者在其他所有案例中均是项目参与者的角色，也是监控者和评价者。在两者之间建立起合作的关系是不容易的，双方既要一起建构和推敲理论，又都不能被视作专家来评判对方。这主要归功于一开始建立的规则：协调者参与观察后的分析讨论时不能做任何评价。评价的权利完全属于教师，包括何时暂停录像、何时进行评论。协调者的角色是对个别教师提出的问题进行备注以及将所有教师讨论中呈现的问题记录下来。

其次，要考虑对儿童进行录像的伦理问题。我们需要获得机构中所有父母的同意才可以开始对儿童录像。家长除了会收到征求同意的一封信，还会收到项目组对研究项目目的、预期成果以及录像用途所做的详细解释。每学期只要有新生进入项目所在机构，每个小组都必须取得家长的知情同意书。协调者摄像时，教师要注意极少数没有落实家长知情同意书的儿童不要被拍摄到。但很多时候，很难让这些儿童远离摄像机，因而，有一些录像没法使用。

最后，要考虑录像在研究项目以外的用途。在项目成立之初，教师所在机构的管理者或主管教师和每个项目的参与者都要共同签署一份"协议"。内容包括出于教师专业发展的目的，本项目的一些成果——视频文本转录、录像和日志——可以与本项目以外的其他教师分享。

结 语

本项目的重复过程清晰地表明，行动研究中的多种因素对每个人的影响。尽管如此，当用理论和反思影响实践时，依然有研究证据让我们确信改变教育工作者的实践要比改变他们的信念——至少是嘴上说的他们所信的——要难得多。不过，项目也表明，教师的改变多发生在他们对自己的实践进行观察反思以及面对他们所说的与在屏幕上看到自己所做的不一致的时候。

在早期教育教师的专业发展项目中，录像的用途将非常广泛，哪怕录像并非是自己而是其他教师的。培训会和讨论会中基于本项目材料的评价和反馈常常也包括对其他教师工作进行的观察和评论。无论何时，只要将本项目的材料向他人展示，我都会向未在现场的项目参与者致谢，感谢他们愿意摄录自己的工作状态，供大家观看。如果没有他们，项目不可能结出丰硕的成果。

参考文献

Ainsworth, M.D.S., Blehar, M.C., Waters, E. and Wall, S. (1978) *Patterns of Attachment*. Hillsdale, NJ: Erlbaum.

Alexander, R. (2008) *Towards Dialogic Teaching: Rethinking Classroom Talk*, 4th edn. York: Dialogos.

Athey, C. (2007) *Extending Thought in Young Children*, 2nd edn. London: Paul Chapman Publishing.

Baker, C. (1996) Perceptions of language, *European Journal of Cultural Studies*, 7(1): 45–50.

Balint, M. (1992) *The Basic Fault: Therapeutic Aspects of Regression*. London: Routledge.

Bandura, A. (1977) *Social Learning Theory*. London: Prentice-Hall International.

Basic Skills Agency (2002) *Summary Report into Young Children's Skills on Entry to Education*. London: Basic Skills Agency.

Beetlestone, F. (1998) *Creative Children, Imaginative Teaching*. Buckingham: Open University Press.

Behne, T., Carpenter, M. and Tomasello, M. (2005) One-year-olds comprehend the communicative intentions behind gestures in a hiding game, *Developmental Science*, 8(6): 492–499.

---

* 为了环保，也为了节省您的购书开支，本书参考文献不在此一一列出。如果您需要完整的参考文献，请通过电子邮箱 1012305542@qq.com 联系下载，或者登录 www.wqedu.com 下载。您在下载中若遇到问题，可拨打 010-65181109 咨询。